ペトロ文庫

教皇ヨハネ・パウロ二世回勅

いつくしみ深い神

ENCYCLICAL LETTER
DIVES IN MISERICORDIA

カトリック中央協議会

目次

本書は一九八一年四月に、弊協議会より刊行されました。

なお、文庫化にあたり、聖書の引用は原則として日本聖書協会『聖書 新共同訳』（二〇〇八年版）に（ただし、漢字・仮名の表記は本文に合わせています）、第二バチカン公会議公文書の引用は『第二バチカン公会議公文書 改訂公式訳』（カトリック中央協議会、二〇一三年）に、それぞれ差し替えました。また、若干の訳文の見直しおよび用語・用字等の訂正・変更を施しました。

教皇ヨハネ・パウロ二世回勅

いつくしみ深い神

澤田　和夫　訳

神のいつくしみについて、
全カトリック教会の司教、司祭、信徒の皆さんへ

ENCYCLICAL LETTER
DIVES IN MISERICORDIA
OF THE SUPREME PONTIFF
JOHN PAUL II

敬愛する兄弟の皆さん、
最愛の子どもたちに、
あいさつと使徒的祝福を送ります。

第一章　わたしを見る人は父を見る

1　いつくしみの啓示

「あわれみ豊かな神[1]」をイエス・キリストは父として現してくださいました。まさに御父の御子が、身をもって御父を現し知らせてくださいました[2]。このことで忘れがたいのは、十二使徒の一人フィリポがキリストに振り向いて「主よ、わたしたちに御父をお示しください。そうすれば満足できます」といったときのことです。キリストは答えられました「こんなに長い間一緒にいるのに、わたしが分かっていないのか。わたしを見た者は、父を見たのだ」[3]。これらのことは過越の食事の折りの決別の辞の中でいわれたことで、続く日々の出来事の間に「あわれみ豊かな神は、わたしたちをこのうえなく愛してくださり、その愛によって、罪のために死んでいたわたしたちをキリストとともに生かし」[4]てくださったことが決定的に確認されることとなったのでありました。

第二バチカン公会議の教えの後に続いて、現代の特別な必要にとくに注意を向けながら、わたしは回勅『人間のあがない主』（*Redemptor hominis*）を人間についての真理にささげました。その真理の満ち満ちたところと深さはキリストのうちに表されました。今の危ない難しい時代の、以前にも劣らない必要に迫られてわたしはもう一度「慈愛に満ちた父、慰めを豊かにくださる神」[5]のみ顔を人々のために主キリストにおいて露わにしたいと思います。『現代世界憲章』には「最後のアダムであるキリストは、父とその愛の神秘の啓示そのものをもって、人間を人間自身に完全に示し、人間の高貴な召命を明らかにする」⑥とありま す。今ここに引いたことばが明らかにしているように、人間は神とのかかわりなしには人間としての尊さを備えたものとしていっぱいに自己を実現しえないもので、神とのかかわりというのは、単なる概念の次元のことではなく、思いきり実存的なしかたでなくてはなりません。人間と人間の高貴な召命は、御父と父の愛の秘義の啓示を通して、キリストにおいて明らかにされるのであります。

このようなわけで、この秘義に思いをささげることこそ今なすべきことでしょう。教会と現代人の多様な経験がこのことを求めています。多くの人間の心からの嘆願、苦しみと希望、心配と待望がこのことを求めています。回勅『人間のあがない主』で述べたように、一人ひとりの人間こそ教会にとっての道であるともいえるとは本当ですが、福音と教会の伝承の全体が一貫して示しているように、ちょうどキリストがご自分のうちに御父と父の愛を表しながら示してくださったように、わたしたちは、一人ひとりの人と一緒にこの道をたどらなくてはなりません。[7] 時代とともに変化するいろいろの状況の中で教会に一たび与えられている人間への道を、イエス・キリストのうちに導かれるたびごとに、それは御父と父の愛に同時に近づく近づき方となるのであって、第二バチカン公会議は現代のためにこの真理を確認したのでありました。

　教会の使命が人間へと向かい、人間中心であるとでもいうとしたなら、なおのこと神中心的に確立され、実現され、すなわち、イエス・キリストにおいて御父へと向けられなくてはなりません。過去においても現代においても多様な思潮が神中心主義と人間中心主義とを分ける傾向をもち続け、相互に対立させさせてきましたが、教会は、キリストに従って、この二つを人間の歴史の中で、深く調和したしかたで、結び合わすようにしてきました。これは去る第二バチカン公会議の教えの基本的な原理の一つであり、もっとも重要なことであるかもしれません。さて教会の歴史の現段階において、この公会議の教えの具体化をあたかも主要な任務とするからには、わたしたちは、開かれた思考と、心のすべてを挙げて、信仰をもってこの原理の上に立って行動しなくてはなりません。前に述べた回勅の中で明らかにしようとしたことですが、第二バチカン公会議の実りとして、教会が多方面にわたって自覚を深め、豊かになることで、わたしたちの思いと心はもっと広くキリストへと開かれるのでなくてはなりません。今日ここに改めていいたいことは、世のあがない主として、人間が何であるかを人間自身に対して表すキリストへと開かれているということは、実に御父と父の愛へと、いっそう熟したかかわりをもつことによってのみ達成されるということであります。

2　いつくしみの受肉

神は「近寄りがたい光の中に住まわれる」(8)とはいえ、全宇宙をもって人間に語りかけておられます。「世界が造られたときから、目に見えない神の性質、つまり神の永遠の力と神性は被造物に現れており、これを通して神を知ることができます」(9)。見える世界を通し、被造物を通して神を求める知性によって達成された間接の不完全な知識は「御父を見る」ことには及びません。「神を見た者はいない」と聖ヨハネが書いていることで「父の懐にいる独り子である神、このかたが神を示された」(10)という真理がいっそう強調されることになります。この「示された」ということで、神の深い秘義、「近寄りがたい光」(11)に囲まれて、一にして三というご自身のいのちのもっとも深い秘義の中で神が表されることになります。キリストによって「示される」ことで、人は神を知り、何よりも人間に対する神の愛のゆえ、「人間愛」(12)によって神を知ります。まさに「神についての見えないことがら」が特別なしかたで「見えるもの」となり、ほかの「造られた物」を通してよりも、いっそう見えるものとなります。キリストにおいてキリストを通して、キリストの行動とことば、ついには十字架上の死と復活を通して見えるものとなります。

このようにキリストにおいてキリストを通して、神は御いつくしみをもってとくに見えるものとなられます。旧約聖書が種々の概念とことばで「いつくしみ」と規定した神性に備わるものが強調されるのです。神のいつくしみについての旧約の伝統の全体にキリストは永遠の意味を加えます。比較とか、たとえをもってこのことについて述べるだけでなく、ご自身でいつくしみを受肉されたものにし、ご自身の全部でそれを表されます。いってみれば、ご自身がいつくしみそのものなのです。キリストのうちにいつくしみを見る人、見つけ出す人にとって、神は「あわれみ豊かな(13)」父としてとくに「見えるもの」となられます。

現代の人の考え方は、もしかすると過去の人々よりもいつくしみの神に反対しているようですし、あわれみという考えを生活から除外し人の心から取り除く傾向に事実傾いているように思われます。「あわれみ」のことばと観念は人に居心地悪い気持ちをもたせるようです。人間は史上かつてないほどの科学と技術の巨大な進歩によって地上の支配者となってこれを征服しました[14]。このような地上の支配は、時に一面的に軽く受け入れられ、あわれみの余地を残さないかのように見えます。このことについて、『現代世界憲章』の初めに書かれている現代世界における人間の姿を読み返してみることは有益のように思われます。「このように見てくると、現代世界は強さと同時に弱さも見せており、最善のことも最悪のこともなしうる。それゆえ、自由と隷属、進歩と後退、友愛と憎悪のいずれにも道が開かれている。さらに人間は、自分が始動させ、自分を抑えることも自分に仕えることもできる力を、正しい方向に向けることは自分の責任であると自覚している[15]」。

世界情勢は、地上の人間のためのいっそう明るい未来への希望の根拠となる変革の姿をも示していますが、今まで知られていたものをはるかに上回る脅威の数々をも露わにしています。種々の（国連、ユネスコ、国連食糧農業機関その他への演説のような）折りにあたってこれらの脅威を指摘することを教会はやめませんが、同時に神からいただいた真理の光の中でこれらを究めなくてはなりません。

「慈愛に満ちた父」[16]である神について、キリストにおいて啓示された真理は、とくに人間に近いおかたとして神を「見る」ことができるようにします。人間が苦しんでいるとき、存在と尊厳の中心を脅かされているようなときは殊にそうです。そのゆえに、教会と世界の置かれている状況の中で、多くの人も多くの集団も、生き生きとした信仰心に動かされて、まるで自然に神のいつくしみに向かっています。確かにキリスト自身、人々の心の中に働く霊を通して人々をこのように動かしておられるのです。「あわれみの父」である神の秘義はキリストによって表されて、今日の人間を脅かす多くの脅威の中で、教会に向けられる、あたかも呼びかけのようになっています。

この回勅をもってこの訴えを受け止め、啓示と信仰の、単純で深い無比のことばからことばを受け取って、神の前に、人々の前に現代の主要な苦悩を言い表したいと思います。

実際、啓示と信仰は「あわれみの父」として神の秘義について抽象的に黙想するだけのことを教えているのではなく、キリストの名において、キリストと一致してこのいつくしみに助けを求めることを教えます。「隠れたことを見ておられる」[17]わたしたちの父は、あらゆる必要に際してわたしたちが御父に助けを求め、またわたしたちが御父の秘義、父の秘義とその愛の秘義を学ぶように待っていてくださるとキリストはいわれたではありませんか。[18]

これらのことを考えて、この秘義がだれにとっても、もっと身近なものになることを願うものであります。人類と現代世界は、実に多くのいつくしみを入用としています。気づかずにいても、実はいつくしみを入用としているのです。これらのことばが、いつくしみを求めて訴える教会の心からの呼びかけとなることを望むものであります。

第二章　メシア的メッセージ

3　キリストが行いかつ教え始めたとき

ナザレの同郷の人々を前にしてキリストは預言者イザヤのことばに注意を向けました。「主の霊がわたしの上におられる。貧しい人に福音を告げ知らせるために、主がわたしに油を注がれたからである。主がわたしを遣わされたのは、捕らわれている人に解放を、目の見えない人に視力の回復を告げ、圧迫されている人を自由にし、主の恵みの年を告げるためである」[19]。ルカによると、これらのことばはキリストの最初の救い主としての宣言です。これに福音書を通して知られる行動とことばが続きます。これらの行動とことばをもってキリストは御父に人々の中にいていただくようにされます。とくにどういう人々のことをいっておられるかというと、とくに貧しい、生活手段のない人々、自由を奪われた人々、被造界の美を見ることのできない盲人、傷心のうちに生きる人々、社会の不正のために苦しんでいる人々、そして罪人です。殊に罪人にとって救い主は、愛である神のとくに明らかなしるし、御父のしるしとなります。目に見えるこのしるしによって、現代の人々も、あのときと同じように、父を見ることができます。

洗礼者ヨハネによって遣わされた使者たちがイエスのところにきて「来るべきかたは、あなたでしょうか。それとも、ほかのかたを待たなければなりませんか」[20]と聞いたとき、イエスはナザレでの教え始めに引いた同じイザヤによって「行って、見聞きしたことをヨハネに伝えなさい。目の見えない人は見え、足の不自由な人は歩き、重い皮膚病を患っている人は清くなり、耳の聞こえない人は聞こえ、死者は生き返り、貧しい人は福音を告げ知らされている」と答えられたということは意味深いことで、そして終わりに「わたしにつまずかない人は幸いである」[21]と結ばれたのでした。

イエスはとくに生き方と行動とを通して、わたしたちの住むこの世の中に愛のあること、行動となる愛、人間に声をかけ、人の人間性を作り上げているすべてを抱きしめる愛のあることを露わにされました。この愛がとくに気づかれるのは、苦しみ、不正、貧困に接するときですが、この歴史的な「人間の条件」の全体は、からだと精神、双方の人間の限界と弱さを多様なしかたで表しています。愛が自らを表す様態と領域とが、聖書のことばでは「あわれみ」と呼ばれています。

キリストは、父である神を現し、御父は聖ヨハネが第一の手紙で言い表すように「愛」であり、[22] キリストが「あわれみ豊かな」[23] 神を現すことは、聖パウロの書から読み取られるとおりです。この真理はただ一つの教えの主題だけなのではなく、キリストによってわたしたちに差し出される現実です。愛といつくしみとしての父に人中にいていただくようにすることこそ、キリスト自身の意識では、救い主としてのご自身の使命の基本的な試金石であることは、ナザレの会堂で最初に発せられたことばによっても、また後に弟子たちや洗礼者ヨハネの使者たちの前で発せられたことばによっても確認されます。

このように、愛であり、いつくしみの父である神の臨在を露わにするこの基本に沿って、イエスはいつくしみをもってご自身の宣教の主要テーマの一つとなさいます。いつものようにこのことをも「たとえ」[24] をもって教えられるのは、物事の核心をよく表すからです。放蕩息子のたとえ、[25] よいサマリア人のたとえ、[26] 対照的にはあわれみのないしもべのたとえを思い起こせば足ります。愛――いつくしみをいつも何らかの新しい面から表すキリストの教えはいくつもあります。迷える羊を探しに行くよい牧者[27]とか、なくした銀貨を捜すために家中を掃く女[28]とかを思えば足ります。キリストの教えの中のこれらのテーマをとくに取り上げて書く福音記者はルカで、ルカの福音は「いつくしみの福音」と呼びならわされるようになりました。

教えをのべ伝えるとき、ことばの意味と概念の内容をめぐって大きな問題にぶつかります。「いつくしみ」の概念の内容は（愛の姿と関連して）とくにそうです。いつくしみの真実を理解するためにこれらのことを正しく捉えることは、あたかも鍵のようなもので大切なことですが、この主題を考え、このことばと「いつくしみ」の概念の本来の意味を確立しようとする前に、忘れないでおきたいことは、キリストが神の愛、いつくしみを表すにあたって、生活の中で愛といつくしみに導かれることを人に求められたということです。こう求められるということは、救世のメッセージになくてはならない、福音の「倫理（ethos）」の核心をなしています。大先生は「もっとも重要[29]」と呼ぶおきてをもって、そしてまた山上の垂訓で「あわれみ深い人々は、幸いである、その人たちはあわれみを受ける」[30]と宣言なさったときは祝福のかたちで、このことを言い表されました。

このようにして、いつくしみについての救世的メッセージはとくに神的と同時に人的広がりを帯びています。メシア的預言の成就そのものであるキリストは、苦しむ人、不幸な人、罪人のためにとくに力強く表される愛の受肉となって、「あわれみに満ちた」神である父に人中にいていただくようにし、いっそう表し、同時に、他の人々へのいつくしみ深い愛の模範となり、ことばと同時にそれ以上に行動をもって「福音の倫理」の根本要素の一つであるいつくしみへの呼びかけを叫んでおられます。そこで倫理的性質をもつおきてとか要請を果たすというだけのことではなく、最高の重大さをもつこと、神がご自身の人々へのいつくしみを表すことができるようにと条件を満たす、ということにかかわってくることです。「あわれみ深い人々は……あわれみを受ける」。

第三章　旧　約

4　旧訳における「いつくしみ」の観念

旧約における「いつくしみ」の観念には長い豊かな歴史があります。キリストによって明らかにされたいつくしみがもっと明らかに輝くように、旧約を振り返ってみるのはよいことです。行動と教えの両方を通していつくしみを表したキリストは、いつくしみの観念を知っているだけでなく、長い民族の歴史の中で神のいつくしみをとくに経験してきた旧約の神の民に語りかけておられました。その経験は、社会的で共同であると同時に、個人的で内的でした。

イスラエルは神との契りの民であり、その契りを幾たびも破ってきたのでした。不忠実だったと気がついたとき、――イスラエルの歴史の中には、そう気づかせる預言者が足りなかったわけではなく――この民はいつくしみに訴えたのでした。旧約聖書の中にはそのような例がたくさんあります。より重大な出来事や叙述の中には、士師の歴史の始まり、(31) 神殿創設のときのソロモンの祈り、(32) ミカの預言活動の一部、(33) イザヤによる慰めの保障、(34) 捕囚のユダヤ人たちの叫び、(35) 捕囚後の契約更新があります。(36)

民衆の罪のためにたびたびいつくしみのことを語る預言者たちの説教は、神の愛の姿に触れることたびたびです。主は、特別のより抜きの愛、結婚して一緒になる人の愛に似た愛でイスラエルを愛し、(37) このために民の罪と不忠実の数々、裏切りまでをもゆるし、悔い改めとまことの回心のあるときには、ご自分の民を恵みへと連れ戻されます。(38) 預言者の説教の中で「いつくしみ」とは、選民の罪や不忠実を上回って勝つ「愛の特別の力」のことをいいます。

この「社会」の全般的状態の中で、いつくしみは、罪科《とが》の状態でうめいたり、あらゆる苦しみと不幸に耐えている一人ひとりの人の内面的体験に、補うように対応するものです。からだにかかってくる災いも、倫理的悪すなわち罪も、両方ともが主に向かって避難し、御あわれみを請うようにイスラエルの男女皆にさせます。(39) こうしてダビデは自分の罪の重大さを意識して神へと向かいます。(40) ヨブも反抗の後、ひどい不幸の中で神へと立ち返ります。(41) エステルも、同胞の死活の危険を知って神へと向かいます。(42) 旧約聖書にはまだほかにも例が数々あります。

幾世紀をも貫いて旧約の人々が共同体としても一人ひとりとしても多様なしかたで表しているこの確信の根拠となっているのは、出エジプトにあたっての選民の基本的経験でした。奴隷扱いされているご自分の民の嘆きを主は見て、叫び声を聞いて、苦しみを知って解放しようと定められたのでした。[43] 主の側からのこの救いの働きの中に、預言者は主からの愛といつくしみを知ったのでした。[44] これがまさに地盤となって、民衆とその中の一人ひとりが神のいつくしみ、災難にあったときにはいつでも呼び求めることのできる、神のいつくしみの確信を築き上げました。

これに加えて、罪が人間の悲惨を作っているという事実があります。旧約の民は出エジプトのころ、金の子牛を打ち立てたときから経験によってこのことを知りました。契りを破る犯罪的行為に対して、神自ら「あわれみ深く恵みに富む神、忍耐強く、いつくしみとまことに満ち」[45] た神であると、モーセに厳粛にいわれたときに勝利者となられたのでした。この中心的啓示のうちに、選民とその中の一人ひとりは、罪を犯したたびごとに、主に向かう力と動機を見いだし、主がご自分についてはっきりと何を啓示したかを思い起こしては、神のゆるしを願ったのでした。[46]

こうして、行いとことばとをもって、主はご自分のために選んだ民の形成の当初から、ご自分のいつくしみを表し、歴史の流れの中でこの民は、不幸に打ちひしがれたときも自分の罪を自覚したときも、いつくしみの神に自らをゆだねたのでした。ご自分の民に対する主のいつくしみの中には愛のあらゆる微妙な表現が見いだされます。このかたは皆のお父さんであり、(47) イスラエルはこのかたの長子、(48) この民にとって花婿であって、民の新しい名はルハマ、「愛されたもの」、あわれみを受けたからであると預言者によっていわれます。(49)

この民の不忠実にいらだたせられて、以後顧みるまいと思うときも、ご自分の民に対する優しさとおおらかな愛こそが怒りに勝つようにさせるのでした。(50) 詩編の作者たちが主への最高の賛美を歌おうとするとき、愛、いつくしみ、あわれみとまことの神への賛美を歌うこともよく分かることです。(51)

このすべてからはっきりすることは、いつくしみはただ神の観念に属することだというだけのことではなく、イスラエルの民全体とその中の一人ひとりの生活の特徴となっていること、いつくしみは自分たちの神との親しい間柄の中身、この人々とこのかたとの間の対話の中身だということです。こういう面から旧約聖書の中でいつくしみは豊かな内容の表現をもって言い表されています。聖書の中のいつくしみとは何なのかという問いに対し、完全に理論的な回答を求めることは難しいかもしれません。けれども用いられていることば遣い自体からも多くを学ぶことができます(52)。

旧約聖書は、多くの関連した意味をもったことばを用いて主のいつくしみをたたえています。それぞれ独自の内容をもって異なっていますが、違った方角から一つの基本的内容へと向かってきて、超越的ないつくしみの富を言い表し、同時に多様な面からこれを人々に近づけようとするものです。旧約は不幸に苦しむ人々、なかでも罪の重荷を負う人々、そして神との契約の間柄に入ったイスラエルの全体に、いつくしみを求めるように励まし、いつくしみを当てにすることができるようにします。失敗と不信の時に神のいつくしみを思い起こさせられます。続いて旧約は、民衆の生活と一人ひとりの生活の中に、いつくしみが表されたたびごとに、感謝と栄光を神にささげます。

このようにして、いつくしみは神の正義と相対立しているともいえ、いろいろの場合に、正義よりもいっそう強く深いことが示されます。正義は人間の中にあっては徳であり、神の中でも超越的な完全性でありながら、愛こそ正義よりは「大いなる」、第一の、かつ基本的という意味において大いなるものだと旧約がすでに知らせています。愛はいってみれば正義を和らげ、終極的には正義は愛に仕えるものです。正義に対する愛の主位、優位性は、啓示の全体にしるされていることで、まさにいつくしみによって表されています。詩編作者や預言者たちにとってこれはあまりにも明らかなことで、ついに正義ということばは、主と主のいつくしみによって成し遂げられた救いという意味をもつに至りました。[53] 旧約の教えのように、すでに創造主として特別の愛をもってご自分を被造物に結び合わせた神が、人間の歴史の中にいてくださることを認めるならば、いつくしみは正義と違ってはいても、相対立するものではありません。愛は、自分自身を一度贈り物として与えた相手への憎しみや悪意を除外します。「お造りになったものを何一つ嫌われない(54)」。これらのことばは神と人間と世界との関係の中で神の正義といつくしみの関連を表しています。正義といつくしみの間柄にいのちを与える根源、究極の原因を求めて、創造の神秘の「初めに」まで戻らなくてはならないことを教えています。旧約の状況の中で「愛である(55)」神の全面的な啓示をあらかじめ告げています。

創造の神秘と密接に結びついているのは選びの神秘であって、アブラハムが信仰のゆえにその霊的父となった民の歴史を形成していったのは、この選びの神秘でした。しかしながら旧新約の時代を貫いて歩み続けるこの民を介して、選びの神秘はすべての人、全人類家族とかかわりをもちます。「とこしえの愛をもってあなたを愛し、変わることなくいつくしみを注ぐ(56)」。「山が移り、……わたしのいつくしみはあなたから移らず、わたしの結ぶ平和の契約が揺らぐことはない」[57]。一度イスラエルに対して宣言されたこの真理は、人間の歴史全体の展望を伴うもので、時間的かつ終末的です[58]。キリストがこのような展望とすでに準備された地盤のあるところに御父を現したことは、旧約聖書の多くの箇所によって確認されることです。この啓示の終わりごろ、死の前夜に、使徒フィリポに「こんなに長い間一緒にいるのに、わたしが分かっていないのか。わたしを見た者は、父を見たのだ」[59]との忘れがたいことばを授けられました。

第四章　放蕩息子のたとえ

5　一つの類似

新約の当初から、神のいつくしみに関し、ルカによる福音書の中に二つの声が調和して響いています。この調和は、旧約全体の伝統を力強くこだまさせています。古い書物の多様な用語と結びついた語義の要素を表すものですが、マリアがザカリアの家に入って魂を込めて主を大きくあがめるのは「代々に限りなく」主をおそれ敬う者に及ぶ神の「あわれみ」のためです。そしてその少しあとでイスラエルの選びを思い起こし、選んでくださったおかたの「とこしえに」覚えておられる「あわれみ」をたたえます。[60] 後にこの同じ家に洗礼者ヨハネが生まれ、父ザカリアがイスラエルの神をほめたたえ、賛美するのは、先祖に約束されたあわれみを果たし、聖なる契約を心に留められたためでした。[61]

キリスト自身の教えでは、旧約から受け継がれたこのいつくしみのイメージは、もっと単純、もっと深いものになります。放蕩息子のたとえの場合にもっとも明らかかもしれません。[62] いつくしみということばは表れませんが、神のいつくしみの根本を特別明らかに表しています。旧約聖書の場合のように用語によるよりは、いつくしみの神秘を、父の愛と息子の放蕩と罪の間に劇的に描き出して、これをいっそうよく分からせる類比によることです。

受けるはずになっている遺産の配分を受け取って遠い国に旅立ち、「放蕩の限りを尽くして」、財産を無駄遣いした息子というのは、恩恵の遺産と原始の義を最初に失った人間をはじめとして、いってみればあらゆる時代の人間のことです。この点での類比は、広くいろんな場合にまで届きます。このたとえは愛の契りへのあらゆる不忠実、恵みの喪失、罪に間接に触れています。預言者の伝統と比べてこのたとえでは、イスラエルの民全体の不忠実がさほど力説されているのではないとはいえ、放蕩息子の類比がそこにまで及んでいるとも受け取られます。「何もかも使い果たしたとき」、息子は困りだしました。父の家を去ってから出掛けて行ったその地方に、ひどい飢饉《ききん》が起こったからでした。この状況で、その地方のある地主の豚を飼っていた彼は「豚の食べるいなご豆を食べてでも腹を満たしたかったが……くれる人はだれもいなかった」。

この類比は明らかに人間の内面へと向かいます。息子がお父さんからもらったのは、物的財貨の一定量でしたが、これよりもはるかに重要だったのは、父の家での息子としてのあり方の尊さでした。物的財貨を失ってしまったときの状況が、息子としてのあり方の尊さを失ったことにも気づかせたに違いありません。以前、受け取るはずの遺産の分け前をもらって出掛けたいと父親に願ったときのことは考えたこともありませんでした。「父のところでは、あんなに大勢の雇い人に、有り余るほどパンがあるのに、わたしはここで飢え死にしそうだ」というようなことを自分に向かっていっているのでは、今なお、子としての尊厳など自覚していないかのようです。自分の失った財産のことで自分を計り、父のところでは雇い人には物があり、自分にはないことを考えています。物に対するこの人の態度を表していることばですが、そのことばの奥には、失われた尊いものの悲劇、息子であることを無駄遣いしてしまった自覚がありま す。

この時点でこの人は決心をします。「ここをたち、父のところに行っていおう。『お父さん、わたしは天に対しても、またお父さんに対しても罪を犯しました。もう息子と呼ばれる資格はありません。雇い人の一人にしてください』と」[63]。このことばは、根本問題をより深く表しています。自分の愚かさ、自分の罪のために、自分の置かれてしまった困った状況のために、尊いものを失った自覚が熟したのでした。父の家に帰ろうと決め、父に受け入れられることを願い、それも息子としての権利によってでなく雇い人の一人としていおうとするとき、一見、空腹と貧困に落ち込んだために動いているようであって、実はもっと深い損失の自覚がこの動機を貫いています。自分の父の家で雇い人の一人になることは、確かに大きな恥辱であり恥ずかしいことです。にもかかわらず放蕩息子は、この辱めを受け恥ずかしい目に合う覚悟ができています。父の家で雇い人になるほか何の権利もないことを自覚しています。自分がどういう目に合うべきかを十分自覚し、しかも正義の規範に沿ってまだなおもちうる権利を十分自覚したうえでの決定でした。こうして考えてみると、放蕩息子の意識の中心に、失われた尊いものの自覚が起こり始めていることが分かります。それは息子と父親との間柄から生じる尊いものの自覚です。このような決断をもって彼は出掛けます。

放蕩息子のたとえの中では「正義」ということばは一度も使われていません。原文では「いつくしみ」ということばも使われていません。けれども「いつくしみ」となって表れる正義と愛との関係がこの福音のたとえの中身をもって大変正確に記されています。はっきりしていてたびたびあまりにも狭い正義のはっきりとした規範を超えていかなくてはならないようなとき、愛はあわれみへと姿を変えるということがもっと明らかになります。放蕩息子は父親から譲り受けた財産を無駄遣いして帰って来てからは、父の家で雇い人の一人として働いて生計を立て、少しずつできることならある程度の貯えを、無駄遣いした額には及ばないにしても、築き上げるのが当然でしょうし、少なくとも正義の秩序から要求されることでしょう。自分のために残された遺産を無駄遣いしたからだけでなく、自分の行動をもって父親を傷つけ悲しませたからです。親子の間の尊いものを自分の振る舞いで失っていったと自分でも分かる――このことは父親にとってどうでもよいことではありえませんでした。悲しみに追い込まずにおかないことでしたし、何かのしかたで巻き込んでいくこと、ともかくわが子のことで、どんな振る舞いによってもこの間柄はなくしたり、解消したりはできないことでした。放蕩息子のほうはこのことをよく承知で、この自覚があればこそ、自分が損傷してしまった尊いものがはっきりと見え、今なお父の家で期待してもいい場が何であるかが分かるのでした。

6　人間の尊厳

放蕩息子の精神状態をはっきり描き出してみると、神のいつくしみがどういうことか、いっそうよく分かるようになります。単純で意味深いこの類比の中で父親の姿は、わたしたちのために父としての神を現していることに疑いの余地はありません。たとえの中の父親の行動と振る舞いの全体は、内面の態度を表していて、旧約のいつくしみの展望の糸筋の一つ一つをまったく新しい総合、単純で深みのある総合のうちに見つけ直させます。放蕩息子の父親は自分の父性に忠実、今まで息子に注いできた愛に忠実です。たとえの中で表されているこの忠実さは、財産を無駄遣いして帰ってきたときに喜んで直ちに迎える用意によって示されているだけではなく、財産を浪費して帰ってきた人のための喜びと祝宴によっていっそう表されています。それはお父さんから離れたこともなく、家を去ったこともなかった兄の反感と憎しみを引き起こしたほどのことでした。

父親の自己に対する誠実、旧約の「ヘセド（hesed）」ということにも含まれていたことが愛情込めたしかたで再確認されています。放蕩息子が家に近づいてくるのを見たとき父親は「あわれに思い、走り寄って首を抱き、接吻した」(64)と読み上げられます。こうするのは、深い愛情のためで、息子のために物惜しみしないのもそのためですが、それが兄を憤慨させるわけです。ところで父親の喜びの原因はもっと深いところにあります。このことです。父親は、わが子の人間性にかかわる基本的なよいものがこうして守られたのだと知ったのでした。実に、もう一度見つけ直されたのでした。兄への父親のことばがこのことを表しています。「お前のあの弟は死んでいたのに生き返った。いなくなっていたのに見つかったのだ。祝宴を開いて楽しみ喜ぶのは当たり前ではないか」(65)と。ルカによる福音書の同じ15章には、見失った羊となくした銀貨のたとえが(66)あります(67)。毎回、放蕩息子の場合と同じ喜びが強調されています。父親の自己への忠実は、失われた子の人間性、人間としての尊さに完全に集中しています。これが何よりも、わが子の帰ってきたときの喜びの理由となります。

さらに、わが子への愛、父性の根本からわき出る愛が、わが子の人間としての尊さについて心配せざるをえないようにさせているとまでいえることでしょう。この心配は父親の愛の表れです。聖パウロが後にいいます。「愛は忍耐強い。愛は情け深い。……自分の利益を求めず、いらだたず、恨みを抱かない。……真実を喜ぶ。……すべてを望み、すべてに耐える。愛は決して滅びない(68)」。

放蕩息子のたとえの中でキリストが示すいつくしみは、新約聖書でアガペーと呼ばれる愛によって内面から形づくられるものです。この愛は、どんな放蕩息子のところにまでも、どんな人間の惨めさにも、どんな倫理的惨めさ、罪にまでも届くように降りていくものです。本当に、そうなったときはいつくしみを受けた当の人は辱められたとは感じないで、また見いだされて、尊いものへと生き返ったと感じます。父親はまず、何よりも、また見いだされて、いのちへと生き返ったことの喜びをこの人に言い表します。この喜びは無傷のままだったよいものの喜びです。というのは放蕩息子であっても、息子は真実、父親の子であることには変わりはなく、また見つけ直したよいことの喜びです。この放蕩息子の場合、自分をめぐる真実へと戻ったのでした。

キリストのたとえの場合、父親と息子の間に起こったことは、外部から評価すべきものではありません。いつくしみをめぐる偏見は、たいていこれを外側から評価しようとすることの結果です。このような評価のしかたによると、いつくしみの中に、何よりも、これを差し伸べる人と、これを受け取る人との間の不平等の関係をまず見てしまうようなことも起こります。そしてあわれみは受け取る側を小さく見て人間の尊さを傷つけることになるという結論を急いで引き出したりします。放蕩息子のたとえは、現実はこれとは違うことを示しています。つまり、いつくしみの間柄というのは、人間自身というよいものを共通に体験することの上に立つ、人間に固有の尊さの普遍体験の上に立つものです。この共通体験は、放蕩息子が自分と自分の行動を全面の真実のうちに見始めるようにさせます（真実のうちに見ることは、本当の謙遜の形態です）。他方、これと同じ理由で、この人は父親にとって特別によいものとなります。というのは、真実といつくしみの不思議な伝達によって達成されたよいものがあまりにもはっきり見えるようになって、息子の犯したあらゆる悪を忘れるかのように思われるからです。

放蕩息子のたとえは、単純で、しかも深いしかたで回心の実際を表しています。回心は、愛が働いていること、人間の世界にいつくしみがあり続けていることのもっとも具体的な表現です。いつくしみの本当の本来の意味は、ただ見ていること、どんなに深く同情を込めてであっても、倫理の、からだの、素材となっている悪いことを、見つめていることではなく、いつくしみが本当に本来の姿をもって表れるのは、世界と人間の中に実際にある悪いことからよいものを見いだし、引き出し、促進するときです。このように受け取ると、いつくしみはキリストの救世のメッセージの基本をなし、キリストのわざを構成する力となっています。キリストの弟子、後に続く人々は、いつくしみを同じように行ったのでした。いつくしみは、人々の心と行動の中に姿を現し続けました。「悪に負けることなく、善をもって悪に勝つ」(69)愛の特別に創造的な証明となったのでした。いつくしみの真の顔は、まだいつも新しく現されなくてはなりません。多くの偏見にもかかわらず、いつくしみは現代にとくに必要なことのように思われます。

第五章　復活秘義

7　十字架と復活に現れたいつくしみ

キリストの救世のメッセージと人中の活動は、十字架と復活をもって到達点に達しました。第二バチカン公会議のことばで復活秘義と規定されたこの究極の出来事、人間の救いの歴史の中で極みまで明らかにされたいつくしみの真理を極みまで明らかにしたいと思うなら、さらに深めていかなくてはならないことです。こうして考えてくると、回勅『人間のあがない主』の内容にもっと近づかなくてはなりません。人間的次元でいって、あがないの事実は、このようなあがない主をいただくのに値した人間[70]の絶大な偉大さを表すものであると同時に、あがないの神的次元でいって、いわばもっとも経験的で「歴史的」なしかたで、神の愛の深みを知る道を開いたのでした。その愛とは、類例を見ない御子のいけにえをいとわず、人々に対する創造主かつ父であるおかたの忠実を全うしようとするもので、その人々とは、創造主の姿にかたどって造られ、「初めから」恵みと栄光に向けて選ばれた人々でした。

聖金曜日の出来事と、さらにその前のゲツセマネでの祈りは、キリストの救い主としての使命の中の愛といつくしみの啓示の全過程に基本的な変化をもたらします。「ほうぼうを巡り歩いて人々を助け[71]」「ありとあらゆる病気や患いをいやされた[72]」おかたが、逮捕され、侮辱され、罪の宣告を受け、むちで打たれ、いばらの冠をかぶせられ、十字架につけられ、ひどい苦しみの中で死んでいかれる今、だれよりも最大のいつくしみを受けるのに値もし、いつくしみを求めておられるように見受けられます。(73)このときにこそ、今まで尽くしてきた人々からいつくしみを受けてよいはずなのに受け取れません。いちばん近い人たちも、彼を守って圧迫者たちの手から救い出すことができません。救い主としての活動のこの最終段階になって、預言者たち、なかでもイザヤがヤーウェのしもべについて発したことばが、キリストにおいて成就したのでした。「彼の受けた傷によって、わたしたちはいやされた(74)」。

オリーブの園で、そしてカルワリオの丘で、実際、ひどいしかたで苦しむ人としてキリストは、今まで父の愛を人々に説き、父のいつくしみを活動のすべてを通してあかししてきた、その御父に訴えます。けれどもこのキリストといえども、十字架の死の苦しみを免除はされませんでした。「罪と何のかかわりもないかたを、神はわたしたちのために罪となさいました(75)」。聖パウロはこのわずかなことばに、十字架の神秘の偉大さと、あがないの現実の神的広がりを要約しています。このあがないは、全きものの絶対の充満である神の神性の究極、決定的啓示であって、正義と愛の充満、なぜなら正義は愛が土台となって、そこから流れ出、そこへと向かうものだからです。キリストの受難と死のうちに、御父が御子すらも「わたしたちのために罪となさいました」(76)という事実のうちに、絶対の正義が表現されています。というのは、キリストが受難と十字架に服するのは人類の罪のためだからです。これは「過剰」の正義とすらなっています。なぜなら、人であって神であるおかたのいけにえによって人間の罪の「弁済」がなされているからです。にもかかわらずこの正義は、本来「神の尺度」による正義であって、まったく愛から発するものです。御父の愛と御子の愛とからであって、まったく愛のうちに実を結びます。このためにキリストの十字架に表された神的正義は、「神の尺度」によるものです。それは愛に発して愛のうちに全うされ、救いの実りを生じます。あがないの神的広がりは、正義が罪を押しのけるように働くことによるだけでなく、愛がもう一度人間の中で創造的に働くようにして、神から来るいのちの充満と聖性に達することができるようにすることです。このようにしてあがないは、満ち満ちたいつくしみの啓示を含むものとなります。

復活秘義はいつくしみの表れと実現の頂点であって、それが人間を正し、神が人間のうちに人間を通して世界の中に初めから望まれた救いの秩序という意味の正義を復興することができるのです。苦しむキリストは特別なしかたで、信じる人にだけでなく人間に語りかけます。キリストを信じない人であってもキリストのうちに現実の人間とのつながりと連帯の多くの語りかけを見いだすことができるでしょうし、人間のため、真理と愛のための無私の献身の調和に満ち満ちたものを見いだすことができるでしょうし、しかも復活秘義の神的な深まりはもっと深いものです。カルワリオの十字架、キリストが御父と最終の対話をなさるのは十字架上というその十字架は、愛の中核から立ち上るものです。その愛は、神の姿とかたどりに造られた人間に、神の永遠の計画に沿って贈り物として与えられたものです。キリストの現してくださった神は単に創造主、存在の究極の源泉として世界と密接に結ばれているだけではなく、御父でもあって、見えるこの世界の中に存在へと呼んでくださった人間とは、創造というつながりよりももっと密接に結ばれています。よいものを創造するだけでなく、父と子と聖霊である神のいのちそのものを分与してくださるのも愛です。愛する人は自分自身を与えたいと望むものです。

カルワリオ上のキリストの十字架は、かの「感嘆すべき交易」の道に沿って立っています。それは神から人間への感嘆すべき自己伝達であって、人間も自分を与え、自分とともに目に見える世界全体を神にささげることによって神的生命に分けあずかるようにとの人間への呼びかけを含むものです。こうして家の子にしてもらった者のように神のうちにある真理と愛、神に発する真理と愛に分けあずかるものとなることです。真実神の子とされる尊さへの永遠の選びの道に沿って、歴史上キリストの十字架はまさに立っています。そのキリストは神の独り子、「光よりの光、まことの神よりのまことの神」(77)として神と人類、神と人間、一人ひとりの人との感嘆すべき契りへの最終のあかしを立てに来られたのでした。この契りは創造の神秘にまでさかのぼり、人間と同じくらい古いもので、その後、幾たびも一つの選ばれた民族との間に更新されたものですが、それが同じくカルワリオ上で確立された新しい決定的な契りであって、一つの民族イスラエルに限られるものでなく、一人ひとりの、そしてすべての人に開かれています。

キリストの救世主としてのメッセージと使命の最終のことばともいえる十字架は、このほか何を語っているのでしょうか。十字架につけられたキリストの墓に、まず婦人たちが、次に使徒たちが明け方に来て墓が空であるのを見たときにいわれる契りの神のことばがまだあります。そのとき「主は復活なさった」ということばを初めて聞いたのです。

彼らはこのメッセージをほかの人たちに繰り返し、復活されたキリストのあかし人となります。神の子がこうして栄光を受けられても、十字架は残ります。十字架上に死なれた、人であり御子であるおかたのメシア的証言のすべてを通して、父である神のことを語り、絶え間なく語り続ける十字架です。御父は人間への永遠の愛に絶対に忠実で「この世を愛し」そして世の中にいる人間を愛して御独り子を与えられる、そのわけは「独り子を信じる者が一人も滅びないで、永遠のいのちを得るため(78)」であります。十字架につけられた御子を信じるとは、「父を見る(79)」ことであり、それはこの世の中に愛があり続けること、この愛は、個人、人類、世界を巻き込むどのような悪よりも力強いと信じることです。この愛を信じるとは、いつくしみを信じることです。いつくしみは愛になくてはならない広がりの中にあって、いわば愛の別名です。この世の中にある悪、人間を誘惑し攻撃する悪、人間の心の中に入り込んで「地獄で滅ぼす(80)」ようにさせることもできる悪に対して、愛はとくにこのように啓示され実現されていきます。

8　死よりも罪よりも強い愛

カルワリオ上のキリストの十字架は、神の御子ご自身に対する悪の力がどれほど強いかを示しています。神の御子は本性上、絶対に罪の汚れなく自由であり、アダムの不従順と原罪の遺産に犯されることなくこの世に来られたのでした。ここ、この人、キリストのうちにまさに、キリストのいけにえ、「死に至るまで[81]」の従順を代償として罪に対する正義が果たされます。この罪と何のかかわりもないかたを、「神はわたしたちのために罪となさいました[82]」。人間の歴史の初めから罪と結びついてきた死に対しても正義がなされます。ご自分には罪はなく、ただひとりご自分の死をもって死に対して死を課することのできるかたの死によって、死に対しても正義がなされます[83]。このようにして、御父と一体の御子が十字架上で神に全き正義を返す、そのキリストの十字架は、いつくしみの根源的な啓示であって、否、むしろ愛の根源的な啓示であって、その愛とは、人間の歴史の中の悪の根源となっているものに、罪と死に対抗する愛なのです。

十字架とは、神が人間のところまで、人間がとくに困難な難しいときにこれこそ自分の不幸な運命だと見るところまで、一緒になって降りることの最たるものです。十字架は、人間の地上の生存のもっとも苦しい傷に永遠の愛の手が届くようなこと、キリストがナザレの会堂であるとき言い表した救い主としての計画の完全な実現、それは後に洗礼者ヨハネの送った使者たちのために繰り返していわれたことでした。イザヤの預言書にかつて書かれたところによると、この計画は、貧しい人、苦しむ人、囚人、盲人、圧迫された人、罪人のための、いつくしみ深い愛の啓示でした。人間が地上的生存の間に分担しなければならない多面性を帯びた諸悪による限界は、復活秘義によって乗り越えられることになります。事実、キリストの十字架は、罪と死に根を張る悪のもっとも深い根を知らせ、こうして終末的なしるしとなります。ただ終末的な成就と世界の決定的復興のうちにのみ、愛は選ばれた人々のうちに悪のもっとも深い悲しみを征服することになり、いのちと聖性と栄光ある不滅の王国を、愛の実りとしてもたらすのであります。この終末的成就の基礎は、すでにキリストの十字架と死のうちにあります。キリストが「三日目に復活した」[87]ことは救世主としての使命の最終のしるしとなり、悪に支配されている世界の中の、いつくしみ深い愛の全啓示を全うするしるしとなります。同時にそれは「新しい天と新しい地」[88]を予告するしるしとなっています。そのとき、神は「彼らの目の涙をことごとくぬぐい取ってくださる。もはや死はなく、もはや悲しみも嘆きも労苦もない。最初のものは過ぎ去ったからである」[89]。

終末的完成において、いつくしみは愛として啓示されます。それまでの時間の段階では、人間の歴史の中で、罪と死の歴史の中では、愛は何よりもいつくしみとして表され、いつくしみとして実現されなくてはなりません。キリストの救世の計画は、いつくしみの計画であり、それがキリストの民の、つまり教会の計画となります。その中心には、いつも十字架があります。十字架のうちに、いつくしみ深い愛の啓示は頂点に達します。「最初のものが過ぎ去る」[90]まで十字架は、ヨハネの黙示のほかのことばを説く場となります。「わたしは戸口に立って、たたいている。だれかわたしの声を聞いて戸を開ける者があれば、わたしは中に入ってその者とともに食事をし、彼もまた、わたしとともに食事をする」[91]。特別のしかたで神がいつくしみを表すのは、御独り子、十字架につけられたおかたに「あわれみ」をかけるように人々を招かれるときです。

まさに十字架につけられたおかたとしてキリストは、過ぎ去らないことば[92]、戸口に立ってすべての人の心の戸をたたくかた[93]、人間の自由を制限することはせずに、この自由の中から愛を引き出すように求めておられます。その愛は単に苦しむ「人の子」との連帯の行為であるだけでなく、一人ひとりの人が永遠の御父の子に対して示す「いつくしみ」のようなものです。キリストのこのメシア的計画の全体の中で、十字架を通してのいつくしみの啓示の全体の中で、これほどまで人間の尊さの地位が高く尊敬され高められることがありえたでしょうか。いつくしみを受け取りながら、同時にいつくしみを示すともいえるおかたです。キリストの人間に対する立場は、一言でいえば「わたしの兄弟であるこのもっとも小さい者の一人にしたのは、わたしにしてくれたことなのである」(94)、この一言で言い表されているのではないでしょうか。山上の垂訓の「あわれみ深い人々は、幸いである、その人たちはあわれみを受ける」(95)とのことばは福音の全体の総合であって、「感嘆すべき交易」の全体がそこに含まれているのではないでしょうか。この交易は救いの計画それ自体の法、単純で強く、同時に「やさしい」法ではないでしょうか。山上の垂訓は、「人間の心」に何ができるか——いつくしみ深いということができると示し、同時に、神の深い神秘を表しているのではないでしょうか。究めがたい父と子と聖霊の一致の中で、正義をも含む愛がいつくしみに道を開き、そのいつくしみが、また正義の完成を表すのではないでしょうか。

復活秘義なるキリストこそ、究めがたい神の神秘の頂点におられます。二階の大広間で発せられたことば「わたしを見た者は、父を見た」[96]が、全面的に全うされます。人々のために御父が「惜しまず渡された」[97]キリスト、受難と十字架の刑にあって人間からのいつくしみを受けなかったキリストは復活のうちに、御父が御子に向けられる愛と、御子を通してすべての人に向けられる愛を明らかにされたのでした。「神は死んだ者の神ではなく、生きている者の神なのだ」[98]。復活をもってキリストはいつくしみ深い愛の神を現されました。それも、復活への道として十字架を引き受けられたからです。このゆえに、わたしたちもキリストの十字架、受難と死を思うとき、わたしたちの信仰と希望は復活されたおかたに集中しています。それは「その日、すなわち週の初めの日の夕方」、弟子たちのいた二階の部屋で彼らの「真ん中に立ち……息を吹きかけて……『聖霊を受けなさい。だれの罪でも、あなたがたがゆるせば、その罪はゆるされる。だれの罪でも、あなたがたがゆるさなければ、ゆるされないまま残る』」(99)といわれたキリストです。

この神の御子は復活のうちにご自分に向けられたいつくしみ、死よりも強い御父の愛を深く深く経験なさいました。その同じ神の子キリストはご自分の救い主としての使命の終わりに、ある意味では終わりを超えてまで、いつくしみの無限の泉としてご自分を現し続けておられます。その後にも教会の救いの歴史の展望の中で、罪よりも強いことがいつまでも確認される同じ愛の泉です。復活のキリストは、いつくしみの最終永遠の、いってみればあたかも具体化とも、救いの歴史の中の、それと同時に終末的な生きたしるしとなられました。この同じ精神をもって、復活節の典礼は詩編のことばをわたしたちに歌わせます。「主のいつくしみをとこしえにわたしは歌います」(100)と。

9　いつくしみの母

教会が復活祭に歌うことばは、マリアがザカリアの妻エリサベトを訪問したとき口にした預言的なことば「そのあわれみは代々に限りなく」[101]のこだまのように響きます。神の御子の、人となられた、まさにそのときに、これらのことばは救いの歴史の新しい展望を開きます。ところでキリストの復活の後、この展望は歴史の面でも終末の面でも新しい展望となります。そのとき以来、たえず増加し続ける人類家族の相次ぐ世代の人々がいる中で、十字架と復活のしるしをしるされた神の民の相次ぐ新しい世代があり、キリストの復活秘義のしるしをもって「証印を押し」[102]ていただいています。その復活秘義はいつくしみの絶対の啓示であり、マリアが親戚の家の戸口で「そのあわれみは代々に限りなく」[103]と宣言したいつくしみのことです。

マリアは、ほかのだれとも違って、特別に例外的にいつくしみを受けた唯一のおかたです。同時に、これもまた特別のしかたで、神のいつくしみを表す役割を、ご自分のいけにえをもって、分担することができたのでした。このいけにえは御子の十字架と密接に結ばれていて、マリアは十字架のもとに立つことになったのでした。マリアのいけにえは、いつくしみを表す特別な役割の分担です。神ご自身の愛と契りに対する絶対の忠実に参加することであり、それは神が永遠から望まれたものであり、時間の中で、人間と、民と、人類と、これを結ばれたのでありました。マリアのささげたいけにえは、十字架を通して決定的に成就した啓示に参加することでもありました。十字架につけられたおかたの御母ほど、十字架の秘義を、神の超越的正義と驚くべき愛との出会いを、いつくしみから正義に与えられた「口づけ」(104)を、同じ度合で体験した人はほかにはありませんでした。だれもマリアほどに、この秘義、カルワリオ上のあがないの、真実、神的な深さを、心に受け入れた人はありませんでした。あがないは、御子の死によって、母の心のいけにえとともに、母の決定的な「なりますように」とともに成し遂げられました。

ですからマリアこそ、だれよりも神のいつくしみの深い知識をもつかた、あがないの代価がいかに大きいかを知っておられるかたです。こうしたわけで、あわれみの母とも、あわれみの貴婦人とも、神のいつくしみの御母ともお呼びします。これらの称号の一つ一つには深い神学的な意味があります。マリアの魂の、マリアの全人格の、特別の準備を言い表しています。こうしてマリアは、イスラエル民族にとっても、一人ひとりの人にとっても、それから全人類にとっても含み多い出来事を通して、至聖三位一体の永遠の計らいによって、人々もこれに分けあずかる「代々に限りない」[105]いつくしみを見つめることができました。

神の御母にささげる右に挙げた称号は、主として十字架につけられて復活されたおかたの母であられることをいいます。まったく特別のしかたでいつくしみを受けたかたのこと、地上の生活を通し、また御子の十字架のもとで、やはり特別にいつくしみに「値する」ものとなられたかたのこと、また御子の救世的使命に隠れたしかたで、しかも無比のしかたで参加し、御子が表しに来られた愛を、人々にとくに近いものにする使命に呼ばれたかたでした。それは、苦しむ人、貧しい人、自由を奪われている人、盲人、圧迫されている人、罪人のためにとくに具体的表現を見る愛であり、初めにナザレの会堂で(106)、次に洗礼者ヨハネの使いたちの問いに対する答えとして(107)、イエスが預言者イザヤのことばをもって言い表されたことでもあります。

十字架につけられて復活されたおかたの御母の心は、まさにこのようにあらゆる倫理的な悪や身体的な悪との接触のうち表れる「いつくしみ深い」愛に、またとないほどに参加したのでした。マリアにおいて、マリアを通してこの愛は、教会と人類の歴史の中で表され続けています。この啓示がとくに実を結ぶのは、神の御母において、母の心の独特の細やかさと、特殊な感受性と、母親のいつくしみ深い愛をいちばん喜んで受け取るような人々に行き届く特殊な素質とに基づいているからです。これは、いのちを与えるキリスト教の偉大な神秘の一つであり、神の子が人となられた秘義と密接に結びついています。

第二バチカン公会議はこう説いています。「恵みの計画におけるマリアの母としてのこの役割は、お告げのときマリアが忠実にこたえ、十字架のもとで揺らぐことなく堅持した同意から始まって、選ばれたすべての者の永遠の完成に至るまで、絶えることなく続く。マリアは天に上げられた後も、この救いをもたらす務めをやめることなく、かえって数々の執り成しによって、われわれに永遠の救いのたまものを得させ続ける。マリアはその母としての愛をもって、まだ旅を続けている自分の子の兄弟たち、また、危機や困難の中にある兄弟たちが幸福な祖国に到達するまで、彼らを見守る」(108)。

第六章　代々に至るあわれみ

10　現代の一つのイメージ

神への畏敬に導かれている人々が代々に至るまで分けあずかるいつくしみを神の御母がたたえたときのことばに、この現代という世代も含まれていたと信じることは当然許されることでありましょう。マリアの賛歌には預言的な内容があって、単にイスラエルの過去だけでなく、地上の神の民の全未来にかかわります。事実、現在地球上に住む人は皆、西暦二千年代に入っていくことを意識している世代であり、歴史の中に起こりつつある変化を深く感じています。

現代は特別恵まれた状況にあることを知っています。数十年前には考えられなかった無数の可能性が、進歩によって開けています。人間の創造的活動と知恵と働きは、自然科学、技術、それに社会・文化生活に多大の変化をもたらしました。人間は自然の上に支配力を広げ、社会生活の法則についても理解を深めました。個人や国家間を隔てる障害や距離が解消して縮むことも知りました。それは普遍的一致についての以前にも増した自覚、人類が一つであることのいっそう明確な自覚、真の連帯の中の相互依存の受諾、人為的な地理区分や国家、民族の境界を超えて兄弟姉妹と接触する希望と可能性を通してのことです。現代の若い人たちは、科学、技術の進歩が、新しい財貨を生産できるだけでなく、知識をいっそう広く分け合えるようにすることを知っています。たとえば、情報を広める分野での巨大な進歩は、人間の創造的可能性を増大し、他の民族の知的、文化的富に手が届く道を開くことになります。通信技術の進歩は、出来事にいっそう大きく参加し、いっそう広く知識情報を交換することを容易にします。生物学、心理学、社会科学の成果は、人間が自分自身の富をいっそうよく理解する助けとなります。まだ多くの場合、これが産業先進国の特権となっていることも事実ですが、どの民族どの国でもこのような恩恵に浴することができるという見込みも、政治的に真実求められているとなれば、もうただの夢ではなくなっています。

他方、これらすべてと並行して、というかその一部となって、成長の際に必ず生じる困難もあります。人間がなさねばならないと知る深刻な応答をめぐって、不安と無力感があります。世界の展望は今日、ただ表面的とはいえない陰影や不均衡を含んでいます。第二バチカン公会議の『現代世界憲章』は現代生活を扱う唯一の文書ではありませんが、特別重要な文書です。その中で次のようにいわれています。「実際、現代世界が悩んでいる不均衡は、人間の心に根ざす、あのより根源的な不均衡と結びついている。実際、人間自身の中では多くの要素が互いにせめぎ合っている。人間は、一方では被造物として多くの面において自分の限界を痛感しながらも、他方、人間の欲求には限りがなく、また、より優れた生へ招かれていることを感じている。人間は多くの誘いに引かれ、いつもそのどれかを選択し、どれかを放棄せざるをえない。さらに、弱く罪人である人間は、望まないことを行い、望むことは行わないことさえ珍しくない。このように、人間は自分自身の中で分裂に苦しみ、その分裂のため、社会の中にあれほど多くの重大な不和が生じるのである(109)」。

序論の終わりのほうにはこうあります。「現代世界の進展を前にして、もっとも根源的な問いを発する人、あるいは新たな鋭敏さをもってそれを感じ取る人の数が日増しに増えている。人間とは何か。偉大な進歩にもかかわらず、今なお存続する苦しみ、悪、死は何を意味するのか。大きな代償を払って獲得した勝利は何のためになったのか(110)」。

第二バチカン公会議の閉幕から十五年を経て、わたしたちの時代の特徴となっているこのような緊張や脅威の憂慮は減ったでしょうか。そうとは思えません。かえって公会議の文章の書かれた当時は起こり始めていて、根深く危険の隠されていたものがこの年月の間にもっと明らかになり、多様なしかたでいっそう確かになり、以前に捉えていたような甘さは許されなくなりました。

11　不安の源泉

こうしてわれわれの世界では何かに脅かされていると思う気持ちが増大しています。回勅『人間のあがない主』で述べたように、もしも戦争が起こったならという心配ととくに結びついた実存的恐怖が増大しています。現代の原子爆弾の備蓄を思えば、人類の部分的自己破壊となりかねないことです。けれどもこの脅威は、ただ軍事技術によって提供された手段によって人間が人間に対して何かをやりかねないというだけのことではなく、唯物的な社会によって生み出された数多くのほかの危険のことでもあります。人道主義的ないくつもの宣言にもかかわらず、人間に対する物の上位を受諾している社会です。このような社会が発明した手段によって、個人と環境、共同体、社会、国家が、ほかの個人、環境、社会による権力の濫用の犠牲となることを、現代人は恐れています。今世紀の歴史は、このようなことのたくさんの例を提供しています。人間の身体的精神的生存の全体にかかわるたくさんの人権宣言にもかかわらず、これらの例が過去のものだということはできません。

人間は当然ながら、自分の内面的自由をはぎ取られる圧迫の犠牲者となることを恐れています。自分の確信する真実を表現できる自由、宣言している信仰の自由、正しい道を歩むように諭す良心の声に従うことができる自由のことです。現代社会が手中に握る技術手段は、軍事抗争による自己破壊の可能性だけでなく、そのような手段を手中に握って良心のとがめなくこれを用いる用意のある人々が、何かの理由で不都合と思う個人や環境や社会全体や国家を、平和的に征服してしまう可能性を隠しもっています。拷問はその一例で、権力によって支配と政治的圧迫のために計画的に用いられ、その下で働く人によって罪を問われずに実施されます。生物的脅威と並んで、別の脅威の恐れが増大しています。本質的に人間的なもの、人格の尊厳と真理と自由への権利と深くかかわっているものに対する、もっと破壊的な脅威です。

富裕で、食料、物資の有り余っている人と集団があって、消費主義と快楽に支配されて生きているのと並んで、同じ人間家族の中には、飢えのために苦しんでいる個々の人や集団がいるという事実による巨大な自責の念を背負いながら、このようなことが起こっています。母親の目の前で飢えで死んでいく小児がいます。世界各地の違った社会経済体制のもとで、貧困と物の不足、低開発の地域が広がっています。これは周知のことです。個々の人と国と国との間に、不平等の状態が現にあるだけでなく増大しています。富裕で物をたくさん持って生活している人と並んで、貧困の苦しみと悲惨、そのうえ飢えで死んでいく人の数が幾千万、幾億にも上ります。このために、精神的な不安はますます鋭くなっていくばかりです。明らかに現代の経済・物質文明の根源に基本的な欠陥があり、いくつもの欠陥の積み重ねがあり、制度の欠陥があって、こんなにも不正な状況から人類家族が自由になれないでいる何かがあります。

身体的精神的両面からの悪がこんなにも多く、世界は矛盾と緊張でこんがかり、人間の自由、良心と宗教の自由は甚だしく脅かされている現代世界のこの展望は、現代人の経験している不安の説明となります。この不安は恵まれず圧迫された人たちだけでなく、富と進歩と力の特権を握っている人たちも感じています。この不安の原因を知ろうと努め、技術と富と力によって提供される時間内の手段でこれに対応しようとしている人がいないわけではないにしても、人間の精神の深いところで、この不安はどんな時間内の手段よりも強いのです。第二バチカン公会議の分析が正しく示したように、この不安はあらゆる人間の生存の基本問題にかかわるものです。地球上の人間の生存の意味自体と結びついた、人間と人類の未来のための不安です。決定的な解決を求めて、強く人類に迫っています。

12　正義で足りるか

現代世界では広範囲にわたって正義感の新しい目覚めのあることはだれでも分かります。この正義感は、疑いもなく、個人や社会集団や「階級」、個々の民族や国家、ついには政治体制ぐるみの「世界」と呼ばれているものの相互関係で正義に反していることがらをいっそう意識させています。深く多様な動きの基礎に現代の人間の良心は正義を据えていますが、このことは、まさに世界を侵している緊張と抗争が倫理的性格のものであることを証明しています。

現代の人々があらゆる面で正義にかなった生活を深く熱烈に求めているのと

一緒になって、教会もこれを求めます。そして人間の社会と生活が要求している正義の多様な側面を研究することを怠りません。ここ百年の間、カトリック教会の社会教説の分野が大いに発展したことは、このことを裏づけています。このような教えの線に沿って、正義の精神における人々の良心の育成、そして正義の精神で発展しつつある個々の企てが、とくに信徒使徒職の分野で進んでいます。

それにしても、正義の理念から出発した多くの計画が、あちらこちらの人間の集団、社会の集団で、正義の実現を助けるはずのものなのに、現実にはゆがめられてしまうことがあるのに気づかずに過ごすことは、難しいことでしょう。正義を理念として掲げながら、経験によると、恨み、憎しみ、残忍のような、他の否定的な力が正義を上回って勢力を振るうことがあります。このような場合、敵を滅ぼし、自由を制限し、さらに全面的従属を強いようとすることが行動の基本的動機となります。これでは正義の本質に矛盾します。正義は本来、争う当事者の間に公平と調和を確立しようとするものです。このような正義の理念の悪用、そして、実際に正義の理念までがゆがめられるようでは、たとえ正義の理念で事が行われるときでも、どれほど人間の行動が正義そのものからそれることがありうるかを知らされます。「目には目を、歯には歯を」(11)ということばに表れる人々の態度に対し、旧約の教えの忠実な聴聞者たちに対し、キリストが戦いを挑んだのは無駄なことではありませんでした。当時は、そのような形で正義がゆがめられていましたが、今日では形は変わってもこれをまねています。正義（たとえば歴史的とか階級的正義）の名において、隣人が破壊されたり、殺されたり、自由を奪われ、基本的人権を剝奪されたりすることが確かにあります。過去と現代の経験の示すところでは、正義だけでは足りません。愛というもっと深い力に人間の生活をあらゆる面から築き上げるようにさせないなら、かえってそれ自身の否定と破壊にまで至ることが示されます。「最高の正義は最高の不正（summum ius, summa iniuria）」という格言を生み出したのは、ほかの要因も加わって、まさに歴史上の経験でした。こう言明したからといって、正義に価値がないというのではなく、正義の上に立つ秩序の意味を小さく評価するというわけでもなく、正義の秩序を条件づける精神、もっと深い霊の力からくみ上げる必要を別の面から示しているものであります。

教会は現代の展望を目の前に置きながら、多くの現代人の不安を一緒に感じています。そのうえ、多くの基本的価値の衰亡を憂慮しないわけにはいきません。キリスト教道徳だけでなく、ごく普通の人間道徳、道徳文化のためにも、無条件によいものに違いない価値とここでいうことには、妊娠のときからの人間生命の尊重、不解消の一致の中の婚姻の尊重、家庭の安定の尊重を含みます。道徳的許容主義は、このような生活と社会のもっともデリケートな分野への打撃をもたらします。このようなことと並行して、人間関係での真実が危うくされ、自分の発言の真実についての不注意、人と人との間のまったく功利主義的な関係、真の共通善の意識の喪失、いともたやすくこの共通善が手放されてしまうというようなことがあります。ついには非神聖化ということがあって、これはたびたび「非人間化」となってしまい、何ものをも「神聖」としない個人と社会とは、外見はよく見えても道徳的退廃にむしばまれます。

第七章　教会の使命における神のいつくしみ

現代のこのような展望は深く憂慮すべきものとなりますが、神の御子が人となられたことでマリアの賛歌に響きわたったことば「あわれみの代々」を思い起こさせられます。これらのことばを心に留め、大人類家族の多くの苦しみにこれを当てはめて現代の教会は、教会の使命を果たすにあたって、もっと特別に神のいつくしみのあかしを立てる必要を深く自覚するようでないといけません。それには旧約と新約との伝統の足跡、なかでもイエス・キリストと使徒の足跡に踏み従うようでなくてはなりません。教会はキリストのうちに、キリストの救い主としての使命の全体の中で啓示された神のいつくしみへのあかしを立てなくてはなりません。第一に救いをもたらす信仰の真理として、次に信仰にふさわしい生活になくてはならないこととして宣言しつつ、次に教会の信徒の生活の中にも、また、できることならすべての善意の人の生活の中にこれを導入し具体化されたものにすることを求めて、このあかしを立てなくてはなりません。ついにはいつくしみの信仰を宣言しつつ、つねにこれに忠実にとどまりつつ、教会は神のいつくしみを呼び求める立場にあり務めをもっています。身体的ならびに倫理的なあらゆる悪の表れを前にして、今日、人類の生活の地平線全体を曇らせるあらゆる脅威を前にして、神のいつくしみを祈り求めるのであります。

13　教会は神のいつくしみへの信仰を告白し宣言する

教会は啓示によって伝えられてきたとおり、神のいつくしみの全体の真理の信仰を告白し宣言しなくてはなりません。すでに前に述べたことで、少なくともこの真理の概略なりを言い表そうと努めました。それは、聖書全体と聖なる伝承の中に豊かに表現されていることです。教会の日常生活の中では、聖書に言い表されている神のいつくしみについての真理が、絶え間なくこだまのように聖なる典礼の多くの朗読を通して響いています。神の民の真正な信仰心は、この真理を見抜いて、多くの人の、あるいは共同体からの、神への孝愛の心の表明となって表されています。そのすべての目録とか要約を掲げることは、いうまでもなく難しいことで、それらは大半、人々の心と思いの深いところに生き生きと力強く刻まれているものだからです。ある神学者たちは、いつくしみは神の属性とか完全性の中の最大のものであるといいますが、聖書、聖伝と神の民の全信仰生活が、このことの特別な証明を提供しています。神性の秘義の中の神の究め尽くしがたい本質の完全性を、ここで問うのではありません。人間がとくに近く、とくにたびたび、生きる神と自己の生存の内密な真実の中で、遭遇する完全性とか属性をいっているわけです。フィリポへのキリストのことばに合わせていえば、(112)「父を見ること」、信仰を通して神を見ること、神のいつくしみと相会する中に、まさに内的単純さと真実の唯一独特の契機を見いだすもので、それは放蕩息子のたとえの中に見いだされるものに似ています。「わたしを見た者は、父を見た」(113)。教会は神のいつくしみの信仰を宣言し、広い信仰経験の中でも教える中でも、これによって生き、たえずキリストに観想の目を向け、キリストと、キリストの一生とキリストの福音、キリストの十字架と復活、キリストの全神秘に全面的に向かっていきます。こうして、教会の生きた信仰と教えの中でキリストを「見た」ことに相当するすべては、神のいつくしみの聖性の中で「父を見る」ことへと人々を導きます。教会は、キリストの聖心《みこころ》へと向かうとき、特別に神のいつくしみの信仰を宣言し、崇敬するように思えます。事実、このようにキリストの聖心の秘義のうちにキリストに近づくことは、父のいつくしみ深い愛の啓示にとくに心を留められるようにさせますし、この点は啓示の中心点ともいうべく、また人間の次元からいってもっとも近づきやすい点であり、「人の子」の救い主としての使命の内容の中心をなしたのでした。

教会は、いつくしみの信仰を告白し宣言するときに真の生活を生きています。これこそ創造主としてもあがない主としても、もっとも驚嘆すべき属性です。救い主のいつくしみの泉を委託され、配る役割をもたされて、救い主のいつくしみの泉へと人々を近づけるときに、真の生活を生きています。この方面のことで、神のことばをたえず黙想することは大きな意味をもっていますし、何にも増して、感謝の祭儀と回心あるいはゆるしの秘跡へ、意識し円熟したしかたで参加することは、大きな意味をもっています。感謝の祭儀は、死よりも強いあの愛へと、ますます人を近づけるものです。「このパンを食べこの杯を飲むごとに」、あがない主が栄光のうちに「来られるときまで」、あがない主の死だけでなく復活を告げ知らせます。(114) ご自分のことばと十字架とをもって御父を、救い主としての使命のうちに現してくださったおかたを思う記念として、この同一の聖体祭儀を祝うことは、愛をもっていつもわたしたちと一つに結ばれてわたしたちのまっただ中にいることを望んでおられるおかた、一人残らず人の心に会いに来られるおかたの、無尽蔵の愛の証言となるものです。一人ひとりの個々の人にとって、大きな過ちの重荷の下にある人のためにも、道を整えるのは、回心あるいはゆるしの秘跡です。この秘跡をもって、一人ひとりは、いつくしみを独自のしかたで経験することができます。それは罪よりも強い愛のことです。このことは回勅『人間のあがない主』で述べたことですが、もう一度、この基本テーマに戻るのはよいことでしょう。

「神は、その独り子をお与えになったほどに、世を愛された」(115)という世の中に罪がある、まさにそのために「愛である」(116)という神は、いつくしみとしてご自分を現すよりほかはありません。ということは、神である愛のもっとも深い真理に対応するだけでなく、人間の内面の全真理と、人間の一時の故郷となっているこの世の真理に対応することです。

いつくしみそのものは、無限の神の完全性としてはやはり無限です。父の家に帰る放蕩の息子たちを受け入れる父親の用意も、無限であり無尽蔵です。御子のいけにえの感嘆すべき価値から絶え間なく流れる、ゆるしの用意と力も無限です。どんな人間の罪も、この力を上回るとか制限することすらありえないことです。人間の側でいうと、ただ善意が欠けているということだけが、それを制限できるわけです。回心させられて悔い改める用意が欠けていることだけ、言い換えれば、恵みと真実に逆らって、とくにキリストの十字架と復活のあかしを前にして頑強に逆らい続けることだけが、ゆるす神の力を制限することになります。

そこで教会は、回心の信仰を告白し、回心を宣言します。神への回心は、いつも神のいつくしみを発見すること、創造主であり父であるおかたにしかありえないような、忍耐と親切そのものであるような愛を発見することの上に立ちます。それは「わたしたちの主イエス・キリストの父である神」がご自分からこの愛に対して人間との契りの歴史の中でどこまでも忠実であられるという愛、それも御子の十字架、死と復活に至るまで忠実という愛のことです。神への回心は、いつもいつくしみ深い父の「再発見」の実りです。

いつくしみの神、優しい愛の神を本当に知ることは、回心の絶えざる無尽蔵の源泉で、ただ一瞬の内心の動きとしてだけでなく、恒常的な態度、精神状態としてのことです。このように神を知るようになり、このように神を「見る」人は、たえず神へと回心させられる状態に生きることしかできません。つまり回心の状態に生きるのであって、地上の旅人の状態にいるすべての人の巡礼の中で、回心はもっとも深い要素として際立っています。教会が神のいつくしみを、十字架につけられて復活なさったキリストのうちに啓示されて、この信仰告白を教会の教えのことばをもってするだけでなく、何よりも神の民全体の生活の中にもっと深く脈打つものとして告げます。この生活の証言をもって、教会は神の民に固有の使命を果たします。その使命はキリスト自身の救い主としての使命に分けあずかり、これを続けるものだともいえます。

神のいつくしみの基盤に立ってのみ、第二バチカン公会議の教えに由来する任務を果たすことができると、現代の教会は深く自覚しています。なかでも、キリストを告白するすべての人を一つに結ぶことを目指すエキュメニカルな任務について第一にそうです。この方向で多くの努力を重ねながら、どんな人間的な分裂の弱さよりももっと強い愛のみが決定的な一致をもたらすことができると、教会は謙虚に告白するものです。その一致はキリストが御父に願った一致であり、聖霊も「ことばに表せないうめきをもって」[119]、わたしたちのためにたえず願い続ける一致です。

14　教会はいつくしみを実行しようとする

人間は神のいつくしみを受け取り経験するだけでなく、ほかの人に向かって、「いつくしみをもつ」ように命じられていると、イエス・キリストは教えられました。「あわれみ深い人々は、幸いである、その人たちはあわれみを受ける」[120]。これらのことばのうちに行動への呼びかけを今聞きとって、教会はいつくしみを今実行しようとします。山上の垂訓の幸いへの呼びかけは、どれも回心と生活を改める道を示していますが、その中の一つ、「あわれみ深い人は幸い」の呼びかけは、とくにそのことで多く語っています。人間は、自分も隣人へのいつくしみ深い愛の精神で内面的に変えられている度合いで、神のいつくしみ深い愛、神のいつくしみに達するものだということです。

この本物の福音的な前進過程は、一度だけやり遂げておけばいい霊的変革のようなものではなく、一生続く、キリスト的召命に必要な永続的な特徴であり、心理的、社会的なあらゆる困難にもかかわらず、人を一つに結び高める力として愛をたえず発見し、忍耐強く実行することです。いつくしみ深い愛が問われていて、それは根本から創造的な愛です。人と人との間の相互関係の中で、いつくしみ深い愛は、決して一方的な行為として進められるものではありません。一方だけが与え提供し、他方は受け取っているようにあらゆる点から見える（たとえば治療を施す医師、教える教師、子どもを養育する親、困窮者を助ける恩人のような）場合でも、実際は与えている人はいつも受益者でもあります。どんな場合でも、自分も受け取る人、恩恵を受ける人、いつくしみ深い愛を経験する人の立場に容易になることができます。自分もいつくしみの対象になっていると気づくこともできます。

このことで、十字架につけられたキリストは、わたしたちのためのもっとも崇高な模範であり、インスピレーションとも励ましともなるおかたです。もうこれでよいというような安心を許さないこの模範に従うとき、人は謙虚さを込めて他の人に向かっていつくしみを表すことができます。そしてキリストが、それをあたかもご自分に対してなされたことであるかのように受け入れてくださると知ります。(121) この模範の上に立ってわたしたちは、行動をも意向をも絶え間なく清めなくてはなりません。いつくしみを一方的に、他の人に善を施すというふうに理解し実行していることについてです。いつくしみ深い愛が本当にそうなっているのは、これを実行するときに、わたしたちからいつくしみを受け取ってくれる人々から、実は同時にわたしたちがいつくしみを受けているのだと深く確信しているようなときのみのことです。この両側の相互的な性質がないとき、わたしたちの行為はまだ真のいつくしみの行為ではなく、キリストがことばと模範で十字架に至るまで道を示してくださった回心がまだわたしたちのうちに完成されていませんし、キリストによってわたしたちに開かれたいつくしみ深い愛のすばらしい源泉から分けていただくことがまだ十分ではありません。

キリストが山上の垂訓の中であわれみ深い人の幸いについて教えてくださったことは、人々のあわれみについての議論の中で普通に見いだされる考えよりは、はるかに豊かなものです。こうした考えは、あわれみを一方的な行為として進められるものと見て、あわれみを実行する人とあわれみを受益する人との間に一定の距離のあることを前提とし、保持もします。そのために人間関係をも社会関係をも、あわれみから解放して正義だけの上に築こうとします。そのようなあわれみについての考えは、聖書全体の伝統と、とくにキリストの救い主としての使命によって語られているあわれみと正義の基本関係を見落としています。本当のいつくしみは、正義のいちばん深い源泉であるともいえるでしょう。公平なしかたでの物資の相互的分配に関し、人々の間の仲裁のために、正義が適しているにしても、愛、そして愛のみ（ここでいつくしみと呼ぶ思いやり深い愛）が、人間を人間自身へと回復させることのできるものです。

真にキリスト的ないつくしみは、いってみれば、人々の間の公平のもっとも完全な具現であり、正義も同じ結果を目指しているわけですから、正義のもっとも絶対的な受肉です。けれども正義によって実現される公平は、客観的、外的な財貨に関してであり、愛といつくしみが実現するのは、人が人間自身という価値、人間固有の尊厳を認め合うということです。とはいえ、「忍耐強く情け深い」(122)愛による人々の「公平」は、差異をなくしてしまうわけではありません。与える人は受け取る人からかえって与えられると感じるようになれば、もっと心が広くなります。受け取る人は受け取ることで、自分も自分なりにいいことをしていると自覚することができるようになれば、人間の尊厳を守るという崇高な目的に仕えるようになり、人と人とがもっと深いしかたで結ばれることのために貢献することになります。

こうして、人間的なものに対する深い尊敬の精神をもって、相互の兄弟性の精神をもって、人と人との間の相互関係を形成していくために、いつくしみは不可欠の要素となります。このような人間と人間のきずなは、ただ正義だけで相互関係を律しようとしたのでは生み出せないことで、どのような人間関係の領域でも正義は、かなりのところまで愛によっていわば「矯正」されなくてはなりません。それは聖パウロが宣言する「寛容で慈悲深い愛」、言い換えれば福音とキリスト教の本質を満たしているいつくしみ深い愛の特徴を帯びた愛のことです。[123] なお、いつくしみ深い愛というのは、放蕩息子のたとえや、失われた小羊、なくした銀貨のたとえの中でよく言い表されている、心からの優しさと細やかな心遣いを伴うということも分かっています。[124] そこで互いにいちばん近い人の間でも、いつくしみ深い愛はもっとも不可欠のこと、夫と妻、親と子、友人の間でそうですし、教育と牧者の仕事の中で不可欠なことです。

実にいつくしみ深い愛の働きの領域は、それだけに限られてはいません。文化、社会のみならず経済政治分野のあらゆる努力の目標が「愛の文明」[125] であるべきだとパウロ六世は一度ならず指摘されましたが、これに加えていうべきことは、人間社会の広大で複雑な諸領域に関する考え方、行動のしかたが、もしも「目には目を、歯には歯を」[126]の基準で止まって、別の精神でこれを補って根本から変革しようとしないなら、このようなよい目標は決して達成できないということです。確かに第二バチカン公会議もまた、この方向へと導いてくれています。世界をもっと人間的なものにしなくてはならないと繰り返していい、この任務の達成は、現代社会における教会の任務だといいます[127]。社会がもっと人間的になれるのは、多くの要素をもった人間関係、社会関係の中に、正義だけでなく、福音の救世的メッセージを構成している「いつくしみ深い愛」を持ち込むときです。

社会がますます人間的になれるのは、社会の精神面を作っているあらゆる相互関係の中に、福音の根本ともなっているゆるしを持ち込むときです。ゆるしは、罪よりも強い愛が世の中にあることを示します。ゆるしはまた、神と人間の関係だけでない、人々の間の関係での和解にとって基本的条件となっていま す。ゆるしを除外してしまった世界は、ただ冷たい、愛情のない正義の世界だけになってしまい、一人ひとりほかの人に対して正義の名において権利を主張するだけとなるでしょう。人間の中にひそんでいる各種の利己主義が働いて、生活を、社会を、強者による弱者圧迫の体制とか、一つのグループ対もう一つのグループの絶え間ない抗争の場に変えてしまうことでしょう。

このために教会は、いつのときも、また今の時代はいつにも増して、イエス・キリストにおいて最高に現されたいつくしみの秘義を宣言し、生活の中に導入することを、おもな任務の一つとしなければなりません。信じる者の共同体という教会のためだけではなく、人類全体にとっても、この秘義は、人間の中に働いている三重の欲望の圧力にさらされている人間の築き上げることのできる生活とは違った生活の源泉ともいえます。(128) まさに、この秘義の名において、キリストはわたしたちにいつもゆるすことを教えられます。「わたしたちの罪をおゆるしください。わたしたちも人をゆるします」と、キリストご自身教えてくださった祈りのことばを、どんなにたびたび繰り返すことでしょうか。「人を」というのは、何かについてわたしたちに対して責められるべきことのあった人のことです。[129] これらのことばが言い表し諭している態度の特別の尊さをはっきり表現することはやさしいことではありません。これらのことばは、一人ひとりに、自分自身について、そして他の人について、どれほど多くのことを語っていることでしょうか。互いに負い目があるという自覚は、聖パウロが「愛をもって互いに忍耐し」[130] との簡潔なことばで諭した兄弟的連帯への呼びかけと相提携するものであります。ここには人間に対し、それも隣人に対すると同時に自分自身に対する謙虚を学ぶ、多くの教えがあります。人の生存の多様な条件の中での毎日の生き方のための、善意の学校があります。せっかく学べる場を無視するとしたら、人生とか教育について人道的な計画をいくら立てても、何が残るでしょうか。

キリストは他の人をゆるす必要を説いて、念を入れてこのことを強調し、ペトロが隣人を幾たびゆるすべきかと聞いたとき、「七の七十倍」[131]という象徴的な数で答えて、人を毎回ゆるせるようでなくてはいけないことを教えられました。とはいえ、出し惜しみをしないでゆるす要求が、正義の客観的諸要求を帳消しにするわけでないことはいうまでもありません。正義というのは本来よく分かってみれば、ゆるしの至り着く目標とでもいえるものです。福音のメッセージのどのあたりを見ても、ゆるしとか、ゆるしの源泉であるいつくしみは、悪とか人をつまずかせることとか、損害をかけ侮辱したりするのを許容するゆるしというような意味ではありません。どんなときでも、悪とか、人をつまずかせたこととかは償い、損害は弁償し、侮辱は埋め合わせをするのがゆるしの条件となっています。

このように、正義の基本構造はいつくしみの領域にも入ります。いつくしみには、正義に新しい内容をもたせる力があります。そしてそれはもっとも単純に、いっぱいに、ゆるしとなって表現されます。ゆるしが分からせてくれることは、正義特有の「弁償」とか「猶予」とかのほかに、これを超えて愛が入用で、それでこそ人間が自分を人間として肯定できるということです。正義の用件を果たすことは、愛が本来の姿を現すためにとくに不可欠なことです。放蕩息子の話を分析しながら、すでに一つの事実に注意を向けるようにしました。ゆるす人とゆるされる人とは、根本的な一点で互いに相会するということ、つまり、一人の人の尊厳とか根本価値とかいう点です。これは失うことのできるものではなく、これを肯定し再発見することは、最大の喜びの源泉となるものです。[132]

教会が生き方においても、行動においても、教育と牧者的な働きの両方の中で、本来のゆるしを守り通すことを教会の任務とし役目の目標としているのは正しいことです。その源泉を守ることでこれを守るのですが、源泉とは、イエス・キリストのうちに現された神自身のいつくしみの秘義です。

現代に近い教会会議の多くの発言と、幾世紀にもまたがる使徒職の経験が語っているあらゆる分野において、教会の使命の根本は、「救い主の泉からくむ」[133]ことにほかありません。これこそキリスト者個人の生活の中でも、個々の共同体そして神の民の生活全体の中でも、教会の使命の指針を多く提供するものです。この「救い主の泉からくむ」ことは、貧しさの精神をもってのみできることです。主のことばと模範とは、そこへとわたしたちを呼んでいます。「ただで受けたのだから、ただで与えなさい[134]」。こうして教会の生活と奉仕のどの道においても、奉仕者、給仕する人と民全体が、福音の貧しさによって主の奇《く》しきみわざのあかしを通して、いつくしみ深い神がますます明らかに示されたことになります。

第八章　現代における教会の祈り

15　教会は神のいつくしみに訴える

教会は、十字架につけられて復活したキリストのうちに現された神のいつくしみの真実を宣言し、多様のしかたで告白します。そのうえ、人を通して人へといつくしみを実行しようと求め、今日、そして明日の、もっとよい、もっと人間的な世界への配慮の不可欠の条件をこのことに見いだします。いつも、またどんな歴史的な時期にも、とくに現代のような危ういときに、教会は祈りを忘れることはできません。その祈りは、人類の上に重くのしかかって脅かす多くの悪の形態の中で、神のいつくしみを求める叫びです。これはキリスト・イエスに生きる教会の基本的な権利であり、義務です。神に対し、そして人類に対する、権利であり義務です。人間の良心が世俗化に落ち込めば落ち込むほど、「いつくしみ」ということばの意味の自覚を失えば失うほど、神から遠のき、いつくしみの秘義から隔たりをもてばもつほど、教会には「激しい叫び声をあげ」いつくしみの神に訴える権利と義務とがいっそうあります[135]。この大きな叫び、神のいつくしみを求める叫びは、現代の教会の特徴でなくてはなりません。そのいつくしみは、十字架につけられて復活なさったイエス、つまり復活秘義のうちにその確かな表れがありました。この秘義こそ、いつくしみのもっとも完全な啓示を内に担っています。それは死よりも強い愛、罪よりも、どんな悪よりも強い愛の啓示であり、人間が深い淵に落ち込んだときに引き上げ、いちばん強大な脅威からも自由にする愛です。

現代人はいろいろの脅威を感じています。前に述べたことは、このことのほんの概略にすぎません。世の中にでき上がってしまって、人類をこんがらかりの中に巻き込んでしまった恐ろしい緊張の解決を求めて、どうしたものかと人間は憂慮します。そして人間が「いつくしみ」ということばを口にする勇気が時にはなく、宗教的な内容が空虚になってしまった自分の内心にこれに代わるものがないとき、なおのこと、教会は自分のためにも、また現代のすべての人のためにも、このことばを口にしなくてはなりません。

そこでこの回勅の中でいつくしみについて述べたすべてのことは、絶え間なく、熱烈な祈りへと、現代世界の中の人間の需要に応じていつくしみを求める叫びへと変えられなくてはなりません。この叫びが、いつくしみの真実でいっぱいでありますように。それは聖書と聖伝承、そしてまた神の民の無数の世代の真正な信仰生活の中に、豊かに表現されてきたものです。聖書記者と同じように、この叫びをもって神に叫びをあげましょう。造られたものを一つも軽んじはなさらず、(136) ご自分に対して忠実、ご自分の父性、ご自分の愛に対して忠実な神です。そして母性的な特徴をもつこの愛、母のように子どもたち、失われた小羊をいちいちに、幾百万に上ろうとも、世の悪が善を上回っていようとも、現代の人類がノアの世代のように罪のために新しい「洪水」に見舞われるのに値しようとも、見守るあの愛に訴えましょう。キリストのメシア的使命のうちに啓示された父性的な愛、キリストの十字架、死と復活のうちに最高潮に達した愛に、救いを求めようではありませんか。「代々に至る」いつくしみを高らかに歌う「マリアの賛歌」のことばを思い、キリストによって神に救いを求めようではありませんか。現代のために、神のいつくしみを嘆願しようではありませんか。マリアの模範に倣って人類の霊的母でありたいと求める教会が、どうかこの祈りのうちに、母としての気遣いと、信頼に満ちた愛を、重大なこととしてどうしても祈らないではいられなくなる愛を言い表しますように。

キリストがわたしたちの心に植えてくださった、信仰、希望、愛に導かれた嘆願をささげましょう。その嘆願は、同時に神への愛です。現代人がときおり、自分から遠く押しのけ、自分に無縁のものとし、余計なものだとしてしまった、神への愛です。現代人が神を侮辱するかのように拒否していることをわたしたちは深く痛ましく思い、十字架上のキリストとともに、わたしたちも、「父よ、彼らをおゆるしください。自分が何をしているのか知らないのです」(137)と叫ぶ用意をもっています。神への愛であると同時に人々への愛です。除外や分離なく、民族、文化、言語とか世界観の別なく、友人、敵の差別なく、すべての人への愛です。一人ひとりのために真によいことを望み、どの共同体のためにも、どの家族のためにも、どの国、どの社会集団のためにも、若い人、成人、父母たち、高齢者のためにも病人のためにも、すべての人のためによいことを望み、だれをも除外しない愛です。この愛は、人々のために、あらゆる真のよいことを差し出し促進し、あらゆる悪を駆除しようとする、熱心な気遣いです。

歴史のこのとき、神のいつくしみを人類のために嘆願しようと、キリストの助手であり、神の秘義の管理者(138)として、わたしと、信仰、希望を同じく一緒にできない現代人のだれかがいるなら、少なくとも私の気遣いのわけを知るように努めていただきたい。それは、多くの現代人が直観するところによると、巨大な危険にさらされている人間と、すべて人間的なものへの愛から命じられていることです。人間の偉大な召命を表してくださるキリストの秘義、それが回勅『人間のあがない主』の中でわたしが強調したく思った人間の尊厳ですが、同時に今度は、同じキリストの秘義のうちに表されたいつくしみ深い神の愛として、いつくしみを宣言させられます。キリストの秘義は、教会と世界の歴史のこの困難な危うい時期に西暦二千年代に入ろうとするとき、同じいつくしみに救いを求め、請い求めるように招いています。

十字架につけられて復活されたイエス・キリストの名において、今の人類の歴史の中に続くキリストの救世のわざの精神において、父のうちにある愛がもう一度、歴史のこの段階において表されるように、そして御子と聖霊の働きを通して、この愛が現代世界にも身近にあって、それがすべての悪よりも、罪よりも、死よりも強いことが示されるように、わたしたちは声を祈りを高く上げます。「あわれみは代々に及ぶ」と宣言してやまないあのおかたの執りなしもあって、また「あわれみ深い人々は、幸いである、その人たちはあわれみを受ける」(139)との山上の垂訓のおことばが完全にその人の中で満たされたような人々の執りなしをも、頼って祈ります。

第二バチカン公会議の成果を実施していく大きな課題を続けながら――そこには現代に即応して生きる教会の自己実現の新しい段階が見られますが――、教会はこの仕事において、どのような理由からも自己の内にこもることは許されないとの自覚に、たえず導かれていなくてはなりません。教会の生きる全目的は、神を人前に現すこと、キリストにおいて「見る」(140)ことを許してくださる父を現すことです。

逆らおうとする人間の歴史の抵抗がどんなに強くても、現代諸文化の多様性がどんなに目立っていようとも、人間の世界で神を否定する声がどんなに大きくても、神のうちに代々隠されていて、時が満ちてイエス・キリストを通して人に伝えられた秘義へと、教会はいっそう近づくようでなくてはなりません。

終わりに、愛を込めて使徒的祝福を送ります。

一九八〇年（教皇在位第三年）十一月三十日　待降節第一主日に

ローマ、聖ペトロの傍らにて

教皇ヨハネ・パウロ二世

注

第一章

（1）エフェソ2・4。
（2）ヨハネ1・18、ヘブライ1・1以下参照。
（3）ヨハネ14・8―9。
（4）エフェソ2・4―5。
（5）二コリント1・3。
（6）第二バチカン公会議『現代世界憲章』22（*Gaudium et spes*）。
（7）同22参照。
（8）一テモテ6・16。
（9）ローマ1・20。
（10）ヨハネ1・18。
（11）一テモテ6・16。
（12）ギリシャ語でφιλανθρωπία（Philanthropia）。テトス3・4。
（13）エフェソ2・4参照。

(14) 創世記1・28参照。
(15) 第二バチカン公会議『現代世界憲章』9。
(16) 二コリント1・3。
(17) マタイ6・4、6、18。
(18) エフェソ3・18、ルカ11・5―13参照。

第二章

(19) ルカ4・18―19。
(20) 同7・19。
(21) 同7・22―23。
(22) 一ヨハネ4・16。
(23) エフェソ2・4。
(24) ルカ15・11―32参照。
(25) 同10・30―37参照。
(26) マタイ18・23―35参照。
(27) 同18・12―14、ルカ15・3―7参照。
(28) ルカ15・8―10参照。

(29) マタイ22・38。
(30) 同5・7。

第三章

(31) 士師記3・7―9参照。
(32) 列王記上8・22―53参照。
(33) ミカ7・18―20参照。
(34) イザヤ1・18、51・4―16参照。
(35) バルク2・11～3・8参照。
(36) ネヘミヤ9章参照。
(37) たとえば、ホセア2・21―25、イザヤ54・6―8など参照。
(38) エレミヤ31・20、エゼキエル39・25―29参照。
(39) サムエル下11章、12章、24・10参照。
(40) ヨブ記の随所参照。
(41) エステル（ギ）C・12以下参照。
(42) たとえば、ネヘミヤ9・30―32、トビト3・2―3、11―12、8・16―17、一マカバイ4・24など参照。

(43) 出エジプト3・7以下参照。
(44) イザヤ63・9参照。
(45) 出エジプト34・6。
(46) 民数記14・18、歴代誌下30・9、ネヘミヤ9・17、詩編86・15、知恵15・1、シラ2・11、ヨエル2・13参照。
(47) イザヤ63・16参照。
(48) 出エジプト4・22参照。
(49) ホセア2・3参照。
(50) 同11・7—9、エレミヤ31・20、イザヤ54・7以下参照。
(51) 詩編103、145参照。
(52) 旧約聖書がいつくしみを描くとき、おもに二つの表現を用いる。それぞれに微妙に異なった語義をもつ。まず「ヘセド」(ḥesed) の語がある。これは内心の深いよさの心情を示す。これが二人の人の間に実現すると、お互い相手のためによいことを望むだけでなく、内心の務めと忠義のため互いに忠実となる。ヘセドに恵みとか愛の意味があるのは、このような忠実を基としたことである。ここでいう務めは、倫理的性格だけでなく、ほとんど法的性格をもつ。といっても前に述べたことは変わらない。旧約でヘセドを「主」について用いるとき、これは神がイスラエルと契約を結んだことに関連していわれることである。この契約は神の側からいうならば、イスラエルのための贈り物であり、恵みである。にもかかわらず、神と結んだ契りが守られるように、それ相応のことをなさねばならず、ヘセドはいわば法的な力をもつようになる。とはいえ、イスラエルが契約を破り、その条項を尊ばないときは、神は法的な務めをもって拘束はされなくなり、そのときヘセドは、法的拘束力を失い、もっと深い本質を表すのであって、最初にあったとおりの、つまり愛が現れるのであって、それは与える愛、裏切りよりも強い愛、罪よりも強い恵みである。

　不忠実な、わが民の娘（哀歌4・3、6参照）に対するこの忠実、そしてまた神自身への神の忠実である。二つの語、「ヘセド・ウエメット」(ḥesed weʾemet)、つまり恵み、いつくしみというか、それと忠実が一緒になっている多くの用例の中でこのことが明らかになるが、これは二詞一意の場合とみられる（次の用例を参照。出エジプト34・6、サムエル下2・6、15・20、詩編25・10、40・11―12、85・11、138・2、ミカ7・20）。「わたしはお前たちのためではなく、わが聖なる名のために行う」（エゼキエル36・22）。契りを破ったために罪科を負っているイスラエルは正義（法的）の基盤の上に立って神のヘセドを要求しえないにしても、契りの神はご自分の愛について責任をとるのであるから、それをいただけると希望し信頼し続けることはできることであるし、すべきことである。この愛の実りが、ゆるし、恵みの回復、内的契りの更新となる。

旧約でいつくしみを言い表すもう一つのことばは「ラハミム」(raḥ^{a}mîm) である。これはヘセドとは少しだけ微妙に違った意味をもっている。ヘセドが自己への忠実、自分の愛に対する責任をとくに言い表し(いってみれば男性的な特徴を帯びているが)、ラハミムは語根からして母の愛をいう(レヘム〔reḥem〕は母胎と等しい)。母を子に結ぶ深く独自のきずな、否、一致から、特別の間柄が、特別の愛が生まれる。この愛については、まったく報酬を期待しない愛、受けるためにそれなりの功徳、働きがあったわけではないということができる。内的必要、心の要求のようなものであるともいえる。男性的な自己への忠実をヘセドと表したのに対応する、あたかも「女性的」な違いのようなものである。このような心理的背景をもち、ラハミムはいろいろの心情を生じる。よさ、優しさ、忍耐、理解、つまり、ゆるす用意のようなものである。

旧約では「主」についてラハミムのことばを用いるとき、ちょうど、前に述べたようなものが「主」にあるとする。「女が自分の乳飲み子を忘れるであろうか。母親が自分の産んだ子をあわれまないであろうか。たとえ、女たちが忘れようとも、わたしがあなたを忘れることは決してない」(イザヤ49・15)。この愛、母親の不思議な力から出るような忠実かつ不屈の愛のことが、旧約でいろいろに言い表されている。危険から、とくに敵からの救い、罪のゆるし、これも個人だけでなく、全イスラエルのゆるし、そして人間の不忠実にもかかわらず、約束と（終末的）希望を果たそうとはやる心、「わたしは背く彼らをいやし、喜んで彼らを愛する」（ホセア14・5）とあるとおりである。

旧約の表現にはまだほかにあり、基本的には同じ内容に違ったしかたで触れている。前に述べた二つのことばが、なかでもとくに注目に値する。元来の擬人的な面が表されている。神のいつくしみを描いて聖書記者たちは、当時の人々の意識と経験に相応することばを用いる。七十人訳のギリシャ語用語には、ヒブル語の場合のような内容の豊かさがない。したがって、原文にある語義の微妙な違いが提供されていない。ともあれ新約は、旧約にあった富と深みの上に築き上げられる。

こうして旧約から受け継ぐ遺産がある。神のいつくしみを言い表すための旧約聖書の豊富な内容だけでなく、明らかに擬人的な神の「心理論」までも受け継ぐ。身を震わせているような神の愛の姿、それが悪、とくに人間個人の罪、民の罪と触れ合うようになってから、いつくしみとなって表れるものである。神のいつくしみは、「ハーナン」（ḥānan）のことばが表す、ややおおまかな内容から成り立つだけでなく、ヘセドとラハミムの内容からなっている。ハーナンのほうはもっと広い概念で、もっと広く、恵みの現れをいい、おおらか、親切、いつくしみ深い愛のつねづね変わらない心情をいう。

これらに加えて、旧約のいつくしみの概念は、動詞「ハーマル」(ḥāmal) に含まれるようなものから成り立っている。ハーマルには、敗北した敵を寛大に扱うとか、あわれみと同情を表すとか、したがってゆるし、罪責の免除のような意味がある。「フース」(ḥûs) の語もあって情緒的な憐憫、同情をいうが、あわれみを表すために聖書で用いられることは少ない。これに加えて、すでに述べた「エメット」('emet) の語があり、これは第一に「堅固さ」「確かさ」(七十人訳ではギリシャ語の「真理」)、そして「忠実」という意味があり、ヘセドの語特有の語義につながるように思われる。

(53) 詩編40・11、98・2以下、イザヤ45・21、51・5、8、56・1参照。
(54) 知恵11・24。
(55) 一ヨハネ4・16。
(56) エレミヤ31・3。
(57) イザヤ54・10。
(58) ヨハネ4・2、11、詩編145・9、シラ18・8—14、知恵11・23〜12・1参照。
(59) ヨハネ14・9。

第四章

(60) どちらの箇所でもヘセドのことであり、つまり民へのご自分の愛を神が表されることの忠実さ、約束への忠実。それが神の御母のうちに決定的に成就を見ることになる（ルカ1・49—54参照）。

(61) ルカ1・72。ここもヘセドの意味のいつくしみの場所であり、続きでザカリアが神の「優しいいつくしみ」について語るのだから、二番目のラハミムが明らかに示されている（ラテン語訳「あわれみのはらわた」）。これは神のいつくしみ、母の愛と同一視する。

(62) ルカ15・11—32参照。

(63) 同15・18—19。

(64) 同15・20。

(65) 同15・32。

(66) 同15・3—6参照。

(67) 同15・8—10参照。

(68) 一コリント13・4—8。

(69) ローマ12・21。

第五章

(70) 復活徹夜祭の典礼「復活賛歌」(... qui talem ac tantum meruit habere Redemptorem) 参照。
(71) 使徒言行録10・38。
(72) マタイ9・35。
(73) マルコ15・37、ヨハネ19・30参照。
(74) イザヤ53・5。
(75) 二コリント5・21。
(76) 同5・21。
(77) ニケア・コンスタンチノープル信条。
(78) ヨハネ3・16。
(79) 同14・9参照。
(80) マタイ10・28。
(81) フィリピ2・8。
(82) 二コリント5・21。
(83) 一コリント15・54—55参照。
(84) ルカ4・18—21参照。

(85) 同7・20―23参照。
(86) イザヤ35・5、61・1―3参照。
(87) 一コリント15・4。
(88) 黙示録21・1。
(89) 同21・4。
(90) 同21・4参照。
(91) 同3・20。
(92) マタイ24・35参照。
(93) 黙示録3・20参照。
(94) マタイ25・40。
(95) 同5・7。
(96) ヨハネ14・9。
(97) ローマ8・32。
(98) マルコ12・27。
(99) ヨハネ20・19―23。
(100) 詩編89・2。
(101) ルカ1・50。

(102) 二コリント1・21―22参照。
(103) ルカ1・50。
(104) 詩編85・11参照。
(105) ルカ1・50。
(106) 同4・18参照。
(107) 同7・22参照。
(108) 第二バチカン公会議『教会憲章』62（*Lumen gentium*）。

第六章

(109) 第二バチカン公会議『現代世界憲章』10。
(110) 同10。
(111) マタイ5・38。

第七章

(112) ヨハネ14・9―10参照。
(113) 同14・9。
(114) 一コリント11・26、『ミサ典礼書』記念唱参照。

(115) ヨハネ3・16。
(116) 一ヨハネ4・8。
(117) 一コリント13・4参照。
(118) 二コリント1・3。
(119) ローマ8・26。
(120) マタイ5・7。
(121) 同25・34―40参照。
(122) 一コリント13・4参照。
(123) ルカ15・11―32参照。
(124) 同15・1―10参照。
(125) 教皇パウロ六世「聖年を閉じるにあたって（一九七五年十二月二十五日）」（*Insegnamenti di Paolo VI*, Vol. XIII [1975], 1568）参照。
(126) マタイ5・38。
(127) 第二バチカン公会議『現代世界憲章』40、教皇パウロ六世使徒的勧告『パテルナ・クム・ベネボレンツィア』1、6（*Paterna cum benevolentia*: AAS 67 [1975], 7-9. 17-23）参照。
(128) 一ヨハネ2・16参照。

(129) マタイ6・12。
(130) エフェソ4・2。ガラテヤ6・2参照。
(131) マタイ18・22。
(132) ルカ15・32参照。
(133) イザヤ12・3参照。
(134) マタイ10・8。

第八章

(135) ヘブライ5・7参照。
(136) 知恵11・24、詩編145・9、創世記1・31参照。
(137) ルカ23・34。
(138) 一コリント4・1参照。
(139) マタイ5・7。
(140) ヨハネ14・9参照。

略号

AAS　Acta Apostolicae Sedis

訳注

原文の書き出しはポーランド語らしく、英文より訳出、ラテン語により検討した。

【付録】

教皇司式による福者マリア・ファウスティナ・コヴァルスカ列聖式ミサ
教皇ヨハネ・パウロ二世の説教
（二〇〇〇年四月三十日（日））

1　「恵み深い主に感謝せよ。いつくしみはとこしえに」（詩編118・1）。教会は復活の八日間、こう歌います。この詩編のことばを、あたかもキリストの口から、復活のキリストの口から受け取ったかのように。復活のキリストはあの高間で神のいつくしみを高らかに宣言し、それを使命として使徒たちにおゆだねになります。「あなたがたに平和があるように。父がわたしをお遣わしになったように、わたしもあなたがたを遣わす。……聖霊を受けなさい。だれの罪でも、あなたがたがゆるせば、その罪はゆるされる。だれの罪でも、あなたがたがゆるさなければ、ゆるされないまま残る」（ヨハネ20・21―23）。

こうお話しになる前に、イエスはご自分の両手と脇腹をお示しになります。イエスは受難の傷、何より、そこから人類に注がれるいつくしみの大きな波がほとばしる、み心の傷を指しておられます。これからは聖人と呼ばれる福者ファウスティナ・コヴァルスカ修道女は、このみ心から、世を照らす二筋の光線が出るのを見ることになるのです。ある日、イエスご自身が彼女に説明なさいました。「この二つの光線は血と水を意味する」（『日記』：*Diario*, Libreria Editrice Vaticana, p. 132〔ユリアン・ルジッキ、相原富士子訳、庄司篤監修、『聖ファウスティナの日記――わたしの霊魂における神のいつくしみ』、聖母の騎士社、二〇一一年、一四九頁〕）。

2　血と水！　カルワリオで一人の兵士がキリストの脇腹を槍《やり》で突いたとき、

そこから「血と水」とが流れ出た（ヨハネ19・34参照）のを見た、福音書記者ヨハネのあかしが思い浮かびます。血が十字架の犠牲とエウカリスチアのたまものを連想させるとすれば、水はヨハネの用いるシンボルとしては、洗礼だけでなく聖霊のたまものをも思い起こさせるのです（ヨハネ3・5、4・14、7・37―39参照）。

十字架につけられたキリストの心を通して、神のいつくしみは人間に届きます。「わが娘よ、わたしは愛であり、いつくしみそのものであると語りなさい」（『日記』：*Diario*, p. 374（同前、四三三頁））。イエスはファウスティナ修道女にそう求めました。キリストは人類に聖霊――三位一体の神において愛のペルソナ――を送ることによって、このいつくしみを注がれます。ですからその徹底したきわめて柔和な姿、どんな要求をも身に受けようとする力、とりわけ、ゆるしに関しての途方もない寛大さを考慮に入れると、いつくしみとは愛の「別名」（回勅『いつくしみ深い神』7参照）ではないでしょうか。

クラクフ、ウァギエヴニキの聖堂で祈る
教皇ヨハネ・パウロ二世（2002年8月）　写真：ロイター／アフロ

現代のための神のたまものと申し上げることのできるファウスティナ・コヴァルスカ修道女の生涯とあかしを、本日、全教会に紹介できることをとても光栄に思います。神の計画により、このポーランドのつつましい娘の生涯は、ごく最近わたしたちが通り抜けたばかりの時代――二十世紀の歴史と完全に結ばれました。実際、キリストが彼女にご自分のいつくしみのメッセージをおゆだねになったのは、第一次世界大戦と第二次世界大戦の間のことでした。当時のことを覚えておられるかた、当時の出来事と無数の人に及んだ悲惨な苦しみを証言できるかた、それを味わったかたは、どれほどいつくしみのメッセージが必要とされていたかをよくご存じです。

イエスはファウスティナ修道女にいいました。「人類は、信頼をもってわたしのいつくしみへ向かわないかぎり、平和を得ないであろう」(『日記』: *Diario*, p. 132〔同前、一五〇頁〕)。ポーランド人修道女の働きを通して、このメッセージは永遠に、第二千年紀の締めくくりであり、第三千年紀へ向けての懸け橋である、二十世紀と結ばれたのです。このメッセージは新しいものではありませんが、特別の照らしのたまものと考えることができます。復活の福音を現代の人々に向けられた光線のように届けるために、その福音をいっそう強烈に再体験する助けとなる照らしです。

3　未来に待ち受けているものは何でしょうか。地上の人間の未来はどんなものになるでしょうか。わたしたちには分かりません。ただ確かなのは、これからの進歩の傍らにおいても、残念ながら悲しい出来事が絶えることはないということです。それでも、ファウスティナ修道女のカリスマを通して主が世に取り戻そうとお望みになった神のいつくしみの光は、第三千年紀の人間の道を照らすことでしょう。

かつての使徒たちのように今日の人類もまた、歴史という高間に復活のキリストを迎え入れる必要があります。キリストはご自分の十字架での傷を見せ、重ねていわれます。「あなたがたに平和があるように」と。人類は、復活のキリストがお与えになる聖霊に、触れてもらい、包んでいただかなければなりません。心の傷をいやし、わたしたちを神から引き離しわたしたち自身を分断する壁を打ち壊し、御父の愛の喜びと兄弟的一致の喜びを取り戻してくださるかたは、聖霊です。

4　ですから、今後全教会で「神のいつくしみの主日」という名で呼ばれる、この復活節第二主日のみことばがもたらすメッセージを、余すところなく受け入れることが大切です。それぞれの朗読を通して、この典礼はいつくしみの道を描いてくれていると思います。神との関係をめいめいが取り戻しつつ、人間どうしで兄弟的連帯という新しい関係をも生み出していくような、いつくしみの道です。キリストがわたしたちに教えてくださったのは、「人間は神のいつくしみを受け取り経験するだけでなく、ほかの人に向かって、『いつくしみをもつ』ように命じられている……。『あわれみ深い人々は、幸いである、その人たちはあわれみを受ける』（マタイ5・7）」（回勅『いつくしみ深い神』14）ということです。キリストはまた、たくさんのいつくしみの道をお示しになりました。それは、ただ罪をゆるすだけではなく、人間のすべての必要にもこたえるというものです。イエスは、物質的にも精神的にも、人間のもつあらゆるかたちの苦悩にまで身をかがめてくださるのです。

イエスのいつくしみのメッセージは、両手を差し伸べるという動作によって、苦しむ人に触れ続けます。これが、ファウスティナ修道女が目にしたこと、そして世界中の人に告げたことでした。ファウスティナはクラクフのヴァギエヴニキの修道院にこもり、その生活をいつくしみにささげる歌に編みました。「主のいつくしみをとこしえにわたしは歌います（Misericordias Domini in aeternum cantabo）」。

（以下ポーランド語で）

5　ファウスティナ修道女の列聖は、格別多くのことを語っています。列聖を通じて、今日、このメッセージを新しい千年紀に引き継ぎたいと思います。すべての人がこの先ずっと、神の本当のみ顔、自分の兄弟姉妹の本当の顔をよく知ることができるよう、わたしはこれをすべての人にお伝えします。

ヨハネの第一の手紙が思い出させてくれるとおり、神への愛と兄弟への愛は、実際切り離すことはできません。「このことから明らかなように、わたしたちが神を愛し、そのおきてを守るときはいつも、神の子どもたちを愛します」（一ヨハネ5・2）。ここで使徒は、おきての遵守における尺度と規準を示すことで、愛の真理を思い出させます。

実際、心からの愛をもって愛し、本当の意味で自分を与えることは、簡単なことではありません。この愛は、神の学びやで、神の愛の温かさに学ぶほかありません。神を見つめ、その父なる心に心を合わせていくことで、惜しみなく分かち合い寛大にゆるす姿勢をもつ新しい目で、兄弟姉妹を見ることができるようになります。これはすべていつくしみです。

人類がこのいつくしみのまなざしの秘訣を身に着けられるならそれだけ、第一朗読が勧める理想の実現が見えてくるはずです。「信じた人々の群れは心も思いも一つにし、一人として持ち物を自分のものだという者はなく、すべてを共有していた」（使徒言行録4・32）。ここでいつくしみの思いは、かかわり方、共同体の目指すところ、財産の共有にまでなりました。そこでは、精神的な、また身体的な「慈善のわざ」が盛んに行われました。ここにおいていつくしみは、もっとも貧しい兄弟姉妹の「隣人」となることで具体化したのです。

6　ファウスティナ・コヴァルスカ修道女は日記にこう書いています。「他者の苦しみを見るとき、大きな痛みを〈感じて〉苦しみます。隣人のすべての苦しみが、わたしの心に反響を生じます。わたしの心に彼らの苦悩を担うので、肉体的にさえもへとへとになります。隣人に安らぎをもたらすために、すべての苦痛がわたしに降りかかることを望みます」（『日記』：*Diario*, p. 365〔同前、四二二頁〕）。そうです。神の愛で量るなら、愛が行き着くところは、これほどまでの分かち合いなのです。

ですから、今日の人類が、人生の意味が喪失するという危機に対して、またさまざまな必要性、何より個々の人間の尊厳が損なわれないよう守るという要望に取り組むための力を得るのは、まさにこの愛からです。神のいつくしみのメッセージはこのように、暗に、一人ひとりの人間がもつ価値に関するメッセージでもあります。神の目から見れば一人ひとりが大切な存在で、それぞれの人のためにキリストはご自分のいのちをお与えになり、すべての人に御父はご自分の霊のたまものを与え、ご自分と親しいものにしてくださるのです。

7　このなぐさめのメッセージはだれよりもまず、とりわけ厳しい試練にさらされる人、犯した罪の重さに押しつぶされそうな人、人生における自信をすっかり失ってしまった人、絶望に打ちひしがれてしまいそうな人へと向けられています。キリストの穏やかな表情はそうした人のためのものです。キリストのみ心から放たれる光はその人に届けられ、照らし、温め、道を示し、希望をはぐくみます。神の摂理がファウスティナ修道女の口を通して示した「イエスよ、あなたに信頼します」との祈りは、どれほどの魂を力づけてきたことでしょうか。イエスに身をゆだねるこの単純な行為が、一人ひとりの人生において、厚い雲を切り裂き、光を差し込ませるのです。

8　「主のいつくしみをとこしえにわたしは歌います」（詩編89・2）。「いつくしみの母」である聖なるマリアの声に合わせ、また神のすべての友とともに天のエルサレムでいつくしみを歌うこの新しい聖女の声に合わせて、わたしたち旅する教会も声を一つにいたしましょう。

そして、ファウスティナ。あなたはわたしたちの時代に与えられた神のたまもの、全教会にポーランドの地が与えたたまものです。わたしたちが神のいつくしみの深さを感じ、これを生き生きと体験し、兄弟姉妹にそれをあかしできるよう助けてください。あなたの光と希望のメッセージが全世界に広がり、罪人を回心に向かわせ、対抗心や敵意を晴らし、民と国々に対する兄弟愛の実践を励ますものとなりますように。今日わたしたちは、あなたとともに復活のキリストのみ顔にまなざしを向けながら、信頼をもって身をゆだねるあなたの祈りを自分たちの祈りとし、固い希望をもって声を上げます。「イエスよ、あなたに信頼します」。

（カトリック中央協議会出版部訳。なお引用文の用字は、本文に合わせ一部変更させていただきました）

あとがき

『いつくしみ深い神』（*Dives in Misericordia*）は、本文でもたびたび参照されている『人間のあがない主』（*Redemptor Hominis*）に続く、教皇ヨハネ・パウロ二世の二つ目の回勅です。一九八〇年十一月三十日、すなわち教皇来日の前年、今から三十五年前に公布されました。

一九八〇年は、共産圏では初の開催となったモスクワオリンピックが開かれた年です。アメリカに追随して、日本がこの大会をボイコットしたことを記憶しておられるかたは多いことと思います。前年のソビエトによるアフガニスタン侵攻の影響により、集団ボイコットが起きた大会でした。

一九七九年には、アメリカとソビエトの二国間において第二次戦略兵器制限交渉（ＳＡＬＴⅡ）が行われ、六月にウィーンで条約の調印がなされたのですが、やはりソビエトによるアフガニスタン侵攻を受けて、アメリカ連邦議会がその批准を拒否し凍結、そのまま一九八五年に条約は期限切れとなったのでした。

教皇ヨハネ・パウロ二世が、東西冷戦の終結に多大な影響を与えた教皇であることは周知のとおりです。この回勅も、その時代の東西の緊張関係を踏まえて書かれています。教皇として、平和が脅かされている社会に対し、「慈愛に満ちた父、慰めを豊かにくださる神」のみ顔を今一度はっきりと示すこと、その使命感に貫かれているのです。そしてそれは、当然ながら『現代世界憲章』をはじめとする第二バチカン公会議の多くの実りが基となっています。

＊＊＊

教皇ヨハネ・パウロ二世は、二〇〇〇年の大聖年に、すべてのキリスト者が、聖霊の慰めのたまものを豊かに受け、神への愛と隣人への愛を強めて成長することができるようにとの願いのもとに、復活節第二主日を「神のいつくしみの主日」とするよう定めました。今回付録として収録した、ファウスティナ・コヴァルスカ修道女の列聖式での説教は、まさにこの大聖年の復活節第二主日、神のいつくしみの主日に行われたものです。

聖ファウスティナ修道女は、一九三一年の二月に修道院の部屋で、イエスご自身から「神のいつくしみ」の絵画の啓示を与えられました。そのときイエスは「片方の手は祝福を与えるしぐさで上げられ、もう片方の手は胸のあたりの衣に触れてい」て、「胸のあたりでわずかに開いている衣服の下から、二つの大きな光が出てい」たと、彼女は日記に記しています。そしてイエスは「あなたが今見ているとおりに絵を描きなさい」と彼女におっしゃったのです（ユリアン・ルジッキ、相原富士子訳、庄司篤監修、『聖ファウスティナの日記――わたしの霊魂における神のいつくしみ』、聖母の騎士社、二〇一一年、三〇頁）。

この彼女が授かったイメージを元にして書き上げられた絵画の前で初めてミサがささげられたのは、一九三五年四月二十八日のことです。この日は復活祭後の最初の日曜日、すなわち復活節第二主日でした。それから六十五年後、第二次世界大戦という二十世紀最大の人類の悲劇を経て、教皇ヨハネ・パウロ二世は「神のいつくしみの主日」を制定したのです。

ヨハネ・パウロ二世がこの世の旅路を終えたのは、二〇〇五年四月二日、奇《く》しくも「神のいつくしみの主日」の前日のことでした。生前に用意され、四月三日の「アレルヤの祈り」後に、サンピエトロ広場に集まる巡礼者に向けて自ら朗読するはずであった「神のいつくしみの主日」のメッセージの中で、教皇は次のように述べています。

> 人類は、時には悪と利己主義と恐れの力に負けて、それに支配されているかのように見えます。この人類に対して、復活した主は、ご自身の愛をたまものとして与えてくださいます。それは、ゆるし、和解させ、また希望するために魂を開いてくれる愛です。この愛が、回心をもたらし、平和

を与えます。どれほど世界は、神のいつくしみを理解し、受け入れる必要があることでしょうか。

まさに、地上の生の最後の時に至るまで、教皇ヨハネ・パウロ二世は、全人類が「神のいつくしみ」を自覚するよう、繰り返し祈り続けたのでした。

＊＊＊

教皇フランシスコは、二〇一五年十二月八日の無原罪の聖マリアの祭日から、二〇一六年十一月二十日の王であるキリストの祭日までを、「いつくしみの特別聖年」とすると定めました。それを告げる大勅書（『イエス・キリスト、父のいつくしみのみ顔――いつくしみの特別聖年公布の大勅書』〔*Misericordiae Vultus*〕）の中で教皇は、回勅『いつくしみ深い神』について「予期されないかたちで発表され、取り扱われた主題ゆえに大きな驚きをもたらし」たと、その歴史的意義を述べています。そして続けて、キリストの秘義は、神の「いつくしみに救いを求め、請い求めるように招いています」というヨハネ・パウロ二世教皇のことばを、「今一度受け止めましょう」と呼びかけています。

このたびの文庫化が、この教皇フランシスコの呼びかけにこたえ、特別聖年をより豊かに過ごすための一助になればと、せつに願っております。

＊＊＊

最後に、三十五年前に翻訳の労を執ってくださった澤田和夫神父様（東京教区）にあらためて感謝申し上げるとともに、ダイヤモンド祝をとうに超えておられる神父様の健康を深くお祈りして、あとがきとさせていただきます。

二〇一五年十月

カトリック中央協議会出版部

ENCYCLICAL LETTER
DIVES IN MISERICORDIA

HOMILY OF THE HOLY FATHER
MASS IN ST PETER'S SQUARE FOR THE CANONIZATION
OF SR MARY FAUSTINA KOWALSKA
April 30, 2000

ペトロ文庫

回勅
いつくしみ深い神

定価はカバーに表示してあります

2015年12月 8 日　第1刷発行
2016年 3 月12日　第2刷発行

日本カトリック司教協議会認可

著 者　教皇ヨハネ・パウロ二世
訳 者　澤田 和夫
発 行　カトリック中央協議会
東京都江東区潮見2-10-10 日本カトリック会館内
〒135-8585　☎03-5632-4411

印刷　株式会社精興社　Printed in Japan　ISBN978-4-87750-196-9 C0116

乱丁本・落丁本は、弊協議会出版部あてにお送りください
弊協議会送料負担にてお取り替えいたします

ペトロ文庫発刊にあたって

カトリック中央協議会事務局長　酒井俊雄

カトリック中央協議会の主要な任務の一つは、カトリック教会の教義をひろめ、信者を教化育成し、布教の推進を円滑にするための業務および事業を行うことにあります。とくに、教皇および教皇庁、また日本カトリック司教協議会の公文書を日本のカトリック教会と社会に向けて提供し続けることは、当協議会の重要課題であると自覚しています。

この使命を遂行するため、ここにペトロ文庫を発刊することとなりました。ペトロは、十二使徒のかしらであり、ローマの初代司教であり、カトリック教会の初代教皇です。使徒たちの後継者である司教は、ペトロの後継者である教皇との交わりのうちに、人々に奉仕します。とりわけ、信仰と道徳に関して教えるとき、つまり教導職を果たすとき、この交わりは不可欠です。そこで、カトリック中央協議会が新たに発刊する文庫に、初代教皇の名をいただくこととといたしました。皆さまが教会公文書により親しむための一助となれば、望外の幸せです。

二〇〇五年十月